자유롭게 꿈꾸고 거침없이 비상하는
우리 곁 10대 슈퍼 히어로들의
리얼 스토리

내가 우주니까!

10대가 말하다

틴스피치

EBS 〈10대가 말하다 틴스피치〉 제작진

이지북
EZbook

뚜벅뚜벅 걸어가는
미래를 보다

이 책은 EBS 프로그램 〈10대가 말하다 틴스피치〉에 나오는 10대들의 목소리를 엮은 책이다. '청소년 TED', '10대의 목소리를 직접 들어 보자'라는 편성 의도가 내려왔을 때 제작 PD 입장에서 처음 든 생각은 '아이템이 있을까?'였다. 평범한 10대를 키우는 엄마 입장에서 방송이 될 만한 특별한 청소년들이 쉽게 떠오르지 않았다.

하지만 막상 자료조사에 들어가면서 이 땅에 이렇게 많은 훌륭한 10대들이 있다는 것에 놀라고, 방송이 충분히 가능할 거란 생각에 안도하기 시작했다.

'틴스피치'라는 프로그램명은 그렇게 지어졌다. Teens' speech, 즉 '10대들의 목소리', 그리고 Teens' pitch, 즉 '피치를 올리고 있는 파이팅

넘치는 10대들'이라는 두 가지 뜻을 다 가지고 있다. 언제나 그렇듯 프로그램명을 정하는 것은 매우 어려웠으나 편성 의도를 잘 담은 좋은 제목이라고 지금도 생각한다.

제작에 들어가면서 가장 고민한 부분은 10대의 목소리를 있는 그대로 담아 보자는 것이었다. 우선 아이들의 이야기 자체가 너무 재미있었고, 신선했다. 내가 몰랐던 것일까, 나만 몰랐던 것일까. 한 명 한 명의 이야기들이 소중하고 새로웠다. 그래서 특별한 코너나 편집이 없이도, 단지 출연자의 힘으로 색깔 있는 프로그램이 나올 수 있었다. 내 노력에 비해 좋은 프로그램을 만들 수 있어서 참 고맙다는 생각도 한다.

하지만 다양한 10대들을 만나고 아이템을 정하는 내내 나는 이 아이들을 특별하게 만든 비결은 무엇일까 고민하지 않을 수 없었다. 원래 탁월했거나, 좋은 환경에서 자라 남다른 교육을 받았기 때문은 아닐까 의심하고 또 의심했다. 특별한 소수에 불과한 아이들을 너무 미화하거나 공중파를 이용해 프로필을 채워 주는 것은 아닐지 계속 점검했다. 어쩌면 성공 스토리로 여겨질 수 있는 이야기들이 불편하기도 했다. 불굴의 의지를 가진 아이들이 너무 대단하고 특별하게 느껴졌기 때문이다. 앙팡 테리블!

하지만 이 아이들의 목소리는 분명했으며, 태도는 단호하면서도 반듯했다. 세상을 바라보는 좋은 시선을 가졌고, 좋은 아이디어를 현실화했으며, 그걸 또 대단하게 생각하지 않는 시크함을 지니고 있었다. 그리하여 나는 막연히 거리감을 느꼈던 이 아이들에게 점점 더 다가가기 시작했다. 출연자를 사랑해야 좋은 방송이 된다. 멀리서 바라보던 내가 점점 자세를 고쳐앉고 가까이 다가가고 있는 것을 느꼈다.

그리고 이 아이들은 자신이 속한 공간에서, 자신의 상황 속에서 부단히 발전하고, 노력하고, 문제점을 해결하기 위해 애쓰고 있다는 것을 발견했다. 코로나라는 초유의 상황 속에서 자신의 재능으로 할 수 있는 일들을 찾고, 내가 사는 곳을 사랑해서 그곳의 역사와 문화를 계승, 발전시킬 노력을 한다. 몸이 불편하거나, 불행한 상황을 맞닥뜨렸을 때 주저앉지 않고 일어설 방법을 찾는다.

아이러니하게도 이 훌륭한 10대들의 이야기는 어른들에게 희망과 심지어 위로를 주기도 했다. 사회의 진보에 대해 회의를 갖게 하는 요즘, 잘 살아왔는가, 남은 인생은 어떻게 살아가야 하는가 막막한 이 즈음, 이 아이들이 있어 미래를 크게 걱정하지 않아도 되겠구나 싶다.

이 아이들은 DNA가 달라졌다는 소리를 듣는 MZ세대, 그중에서도 Z세대로 편입될 아이들이다. 어쩌면 Z세대 이후, 새로운 세대를 만들어 갈 아이들일 수도 있다. 어찌 보면 느리게만 보였던 이 사회의 발전이, 실패한 것으로만 보였던 교육의 변화가 이 아이들을 낳고 키우고 있었던 것은 아닐지…… 그리하여 이 아이들은 우리 어른들에게 희망을 준다. 어른들에게도 잘못 살아온 것만은 아니라는 위안을 준다.

그리고 같은 또래들에게는 자신감을 줄 것이다. 같은 세대를 살아가는 친구들의 모습을 보며 다양한 목소리를 내고, 같이 뛸 자극을 받을 것이다. 함께 뛰어갈 아이들이 하나둘 늘어나게 될 것이다.

그래서 마음이 편안해진다. 애들아, 우리 어른들이 숟가락 좀 얹어도 되겠니? 어른들은 너희들이 좀더 멋진 세상을 만들어 갈 수 있도록 조금 더 노력하고, 너희들 목소리에 귀 기울일 수 있도록 조금 더 마음을 열어 볼게.

세상이 발전한다는 믿음은 여전했어. 뚜벅뚜벅 나아가고 있는 너희를 응원할게. 너희가 만들 그 빛날 세상, 반짝이는 미래를 꿈꾸어 본다.

2021년 결실의 계절이 다가옴을 느끼며
PD 정아란

차례

1 탐구하고 발명하는 청소년

2 지구와 사회의 변화를 꿈꾸는 10대

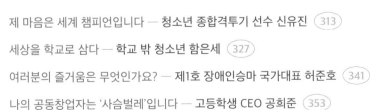

1장

탐구하고
발명하는
청소년

궁금할 시간이 필요해

· 코딩 개발자 이준서 ·

이준서
신일고등학교 2학년

13세, '똑똑이 루킹캡'으로 사물인터넷 DIY 창작경진대회
최우수상과 교육부장관상 수상(2015년).
15세, 방문자 확인 시스템 '노크 노크 맨'(knock knock man),
애완동물 자율급식기 'iPET' 개발(2017년).
17세, 중세국어 번역 프로그램 개발(2019년).
18세, 방 배정 프로그램 개발(2020년).

2016년 삼성주니어소프트웨어 창작대회 임베디드부문 최우수상
        북부교육청 융합정보부문 산출물대회 최우수상(팀)
2017년 가천대학교 과학영재교육원 사사과정 입학
        삼성S히어로즈헤커톤캠프 장려상(팀)
        삼성주니어소프트웨어 창작대회 우수상(장애인용 앱 개발)
        가천대학교 과학영재교육원 사사과정 수료,
        논문 통과「초음파 센서 제어를 이용한 장애물 회피 자율주행」
2018년~2019년 포스텍영재기업인 교육원

안녕하세요. 코딩으로 좀 더 밝은 세상을 만들고 싶은 신일고등학교 2학년 이준서입니다.

〈똑똑이 루킹캅〉〈노크 노크 맨〉〈아이펫〉〈거기 누구 없어요〉. 이 프로그램들은 제가 발명한 발명품입니다. 이름도 귀엽습니다. 모두 제가 초등학교와 중학교 시절 코딩을 해서 만든 작품들인데요. 매년 한 개씩의 발명품을 만들다 보니 제 주변 사람들은 저를 '코딩 영재'라고 부릅니다.

상장과 트로피들은 제가 지난 6년간 코딩을 하며 노력한 결과물들이라고 할 수 있는데요. 정말 제가 영재라서 이런 걸 발명했을까요? 저의 발명품들을 자세히 들여다보면, 사람들이 일상생활을 하다가 조금 불편하더라도 그냥 참고 넘어가거나 '누군가 해결하겠지'란 생각으로 지나친 것들을 해결하기 위해 만들었다는 걸 알 수 있습니다.

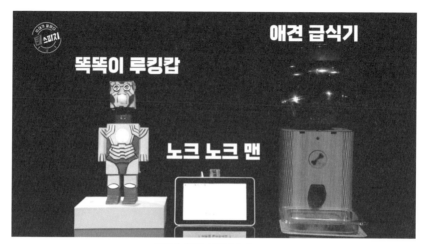

이준서 학생의 발명품. ⓒEBS

사실 이런 발명품들은 모두 'WHY?(왜?)'라는 궁금증에서 시작된 것
들입니다. '사람들은 이 일을 할 때 왜 불편하지? 어떤 문제가 생기면 어
떻게 해결할까?' 하지만 이런 궁금증보다 더 중요한 건 문제를 발견하
고 해결할 시간이 있느냐 없느냐였습니다. 공부만 하느라 교과서만 보
고 있었다면, 주변을 돌아볼 시간이 없었다면, 또 코딩에 도전해 볼 시
간이 없었다면? 저의 발명품들은 결코 세상 밖으로 나오지 못했을 테니
까요. 오늘 전 코딩의 세계 속으로 저를 이끈 '시간'에 대한 이야기를 해
보고자 합니다.

우리가 살고 있는 시대는 디지털 혁명 시대입니다. 이 시대를 살고 있는 우리를 미국의 한 교육학자는 '디지털 네이티브'*라고 명명했는데요. 디지털 언어와 디지털 장비를 자유자재로 구사한다고 해서 나온 개념입니다. 디지털 네이티브 세대 전에는 '특정 분야'에서 뛰어난 숙련공, 전문가가 필요했다면, 지금은 융합적이고 창의적 사고를 지닌 인재들이 필요한 시대인데요. 코딩은 이런 융합적 사고를 할 수 있는 바탕이 됩니다.

왜 그러냐고요? 먼저 프로그램을 만들기 위해선 상상을 하게 되죠. 그리고 어떤 프로그램을 만들지에 대해 구체적 계획을 세우게 됩니다. 또 프로그래밍 명령어를 입력하는 과정에서 오류들을 수정하면서 논리력과 문제해결 능력을 키우게 되죠. 게다가 상상 속 결과물을 현실화시킬 수 있어 창의력도 생겨납니다. 정말로 미래 시대에 필요한 것들을 할 수 있는 분야가 코딩이죠? 하지만 코딩은 세상에 대한 궁금증이 없다면 빛을 발할 수 없는 프로그램입니다. 문제를 해결하기 위해 탄생한 것이 코딩이니까요.

제가 코딩 프로그램을 개발할 수 있었던 이유, 그 첫 번째는 바로 궁금증입니다. 세상을 향한 궁금함이 어떻게 코딩 프로그램으로 이어졌

---

* 디지털 네이티브(Digital Native): '디지털 원어민'이라는 뜻으로, 디지털 환경을 태어나면서부터 사용하는 사람들을 가리킴.

는지, 제가 얼마 전 개발한 프로그램들을 통해 말씀드릴게요.

외우기 귀찮아서 개발 시작 – 중세국어 번역 프로그램

고등학교 1학년 국어 시간에 중세국어를 배우며 너무 어렵다고 느꼈습니다. 그래서 궁금했습니다. 왜 중세국어는 여러 나라 언어 번역기처럼 우리 말로 번역, 혹은 현대국어로 변환하는 프로그램이 없을까? 여러 가지 프로그램들을 찾아보았습니다. 그런데 아직 개발된 것이 없더군요. 없다면 제가 직접 만들어 보면 어떨까 하는 생각이 들었고 그래서 곧바로 도전에 들어갔습니다.

하지만 중세국어의 여러 문자 중에는 제가 사용하는 프로그래밍 언어가 인식하지 못하는 것들이 있어서 생각만큼 쉽게 만들 수 없었습니다. 문제해결을 위해 국립국어원에 연락도 드려 보고, 학교 선생님한테도 조언을 구해 보며 해법을 찾기 시작했죠. 하지만 모든 기능을 구현할 수 있는 중세국어 번역기는 만들기 어려웠습니다. 그래서 어쩔 수 없이 제가 학교에서 배운 『훈민정음 해례본』* 안의 단어들로 작동 가능한 번역기를 만들어 냈습니다.

* 『훈민정음 해례본』: 1443년 창제된 훈민정음 한문 해설서.

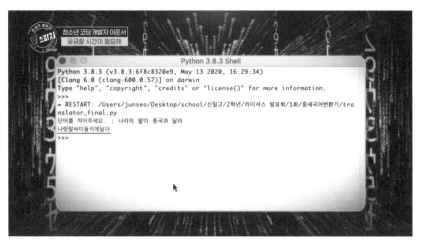

이준서 학생이 개발한 중세국어 번역 프로그램. ©EBS

화면처럼 현대어를 입력하면 중세국어로 변환을 시켜 줍니다. 어떤 가요? 중세국어, 훨씬 쉬워졌죠? 코딩을 한 이후부터 전 늘 무언가 발명할 것들을 찾는데요. 거창한 것들이 아닙니다. 바로 나의 학교생활, 그리고 가까운 주변에서 일어나는 문제들을 관찰하며 만든 것들입니다. 방 배정 프로그램도 그렇게 해서 탄생했습니다.

학생 모두를 위한 고민
_방 배정 프로그램

어느 날 친구와 대화를 나누다 학교 기숙사나 수학여행 때 방 배정의 문제점을 이야기했는데요. 어떤 기준으로 학생들의 방을 배정해야 모두 즐거운 학교생활과 수학여행을 즐길 수 있을까 하는 것이었죠. 문제해결을 위한 방 배정 프로그램이 있으면 좋지 않을까 하는 생각이 들었습니다.

그래서 학교 선생님께도 상담해 보았는데요. 선생님 역시 저희와 똑같은 불편함을 느끼고 계셨습니다. 학생들의 요구사항을 하나하나 맞춰 주며 방을 배정하면 시간도 오래 걸리고, 요구사항을 모두 들어줄 수 없으니 학생들의 불만도 많아진다는 것이죠. 수학여행만 다가오면 어떻게 가장 효율적으로 방을 배정할 수 있을지를 고민하다 머리가 지끈지끈 아프다고 하셨는데요. 그래서 학생도, 교사도 모두 만족할 수 있는 방 배정 프로그램을 한번 만들어 보기로 했습니다.

우선 각각 학생들의 이름을 적고, 방을 함께 쓰고 싶은 학생의 이름과 방을 함께 쓰기 싫은 학생의 이름도 같이 적도록 했습니다. 그런 다음 나눌 방의 개수를 정해 모든 경우의 수를 계산하는 프로그램을 설계했는데요. 이 프로그램으로 학생의 불만을 최소화하는 결과를 얻어냈습니다.

사실 이 프로그램이 정말 필요한 이유는 누가 친구들로부터 따돌림을 당하는지 알 수 있기 때문입니다. 반에서 따돌림을 당하는 친구나 반에서 인싸인 친구, 아싸인 친구들

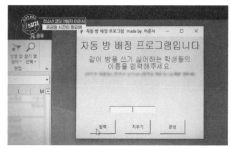

이준서 학생이 개발한 자동 방 배정 프로그램. ©EBS

을 선생님이 사실 일일이 잘 알기 힘든데요. 만약 따돌림을 당한다면, 그 따돌림은 선생님이 보지 않는 곳에서 일어날 테니까요. 그래서 이 '방 배정 프로그램'은 제일 많은 학생이 선호하는 학생은 누구인지, 어떤 학생이 비선호 학생인지 등을 데이터로 분석해 학생 관리에도 도움을 줄 수 있는 프로그램이라고 할 수 있습니다.

그런데 제가 만약 모든 시간을 학교 공부에만 쏟았다면, 그래서 주변을 돌아보거나 친구의 고민과 선생님의 고민을 살펴볼 시간이 없었다면 어땠을까요? 중세국어 번역기 프로그램과 방 배정 프로그램은 탄생할 수 있었을까요? 아마 이런 결과물을 꿈도 꾸지 못했겠죠. 전 많은 시간을 공부 이외에 주변 현상을 탐구하고 궁금해하고, 또 문제를 해결하는 데 쓰고 있습니다.

우리의 시간을 잡아라

제가 코딩 프로그램을 개발할 수 있었던 이유! 그 두 번째는 바로 '시간'입니다. 여기 주목할 만한 설문조사 결과가 있는데요. 대한민국 초·중·고등학생들의 학업 투자 시간을 조사한 결과입니다. 이 조사에 따르면 학생 10명 중 5명이 정규 수업 시간을 제외하고 평균 3시간 이상을 학습한다고 합니다. 일주일 공부 시간은 49.43시간으로 OECD 평균보다 무려 15시간이나 많다는데요. 그럼 여가 시간은 어떨까요?

평일 자유롭게 활용할 수 있는 여가 시간은 1~2시간 정도입니다. 이마저도 대부분 컴퓨터 게임이나 인터넷 검색을 하고 있는데요. 사실 많은 부모님께서 '우리 아이는 꿈이 없어요'라는 말을 자주 하십니다. 그런데 입시 준비로 학업에 많은 시간을 투자하다 보면 사실 잘하는 것에 몰입할 시간, 자신이 좋아하는 것을 할 수 있는 시간적인 여유가 정말 부족해지죠. 어쩌면 경쟁에서 밀릴까 봐 학원을 포기하기 어렵고 자신에게 투자하는 시간을 두려워하는 것이 우리의 현실일지도 모릅니다.

제가 부모님께 감사한 건 학업 대신 코딩을 탐구할 시간을 주셨다는 겁니다. 어렸을 때부터 저희 부모님은 맞벌이를 하셨고 운동을 했던 형이 있었기에 저는 혼자 집에 있는 시간이 많았습니다. 어렸을 때부터 유난히 컴퓨터를 좋아했던 저는 오랫동안 컴퓨터 앞에 앉아 컴퓨터로 무언가 만드는 것에 빠졌던 것 같아요. 그것을 보며 저의 부모님은 공부하라며 재촉하거나 야단을 치는 대신 저의 적성을 찾을 수 있게끔 도와주셨죠. 컴퓨터를 더 즐길 수 있도록 충분한 시간을 주셨습니다. 제게도 입시가 물론 중요합니다. 하지만 좋아하는 것을 할 시간을 보장받는 것도 중요한 일이었습니다.

사실 어떤 분들은 제가 코딩에 빠져 지내는 걸 걱정하시기도 합니다. 코딩에 시간을 다 쓰면 학업 공부는 어떻게 하느냐, 대학 못 가면 어쩌려고 그러느냐 하고 염려해 주시는데요. 저에겐 목표가 있고, 좋아하고 잘하는 일도 있지만, 입시와 직접적인 연관이 없어 보이니 걱정을 해 주시는 듯합니다.

물론 제가 공부를 그렇게 잘하는 편은 아니지만, 코딩 때문에 성적이 조금 떨어졌다 하더라도 전 걱정하지 않습니다. 코딩이 언젠가 제 학업 능력을 업그레이드해 줄 것이라 믿기 때문이죠. 제가 만든 중세국어 번역 프로그램도 국어 공부를 하다 나온 아이디어였고, 어려운 문제를 끝까지 풀기 위한 근성 또한 코딩에서 배웠기 때문입니다.

제 경우는 오히려 코딩이 공부 능률을 높여 준다고 확신합니다. 좋아하고 잘하는 일을 하면서 다양한 경험을 통해 배우는 것이 사실 학원에서 배우는 것만큼이나 소중하다는 것을 실감하고 있습니다.

미래 인재는 융합적 사고를 하는 사람이라고 하잖아요? 제가 코딩 프로그램을 개발할 수 있었던 세 번째 이유는 바로 이 융합적 사고에 있습니다. 다양한 학문이나 정보, 지식 등을 이용해 문제해결 능력을 갖추는 융합적 사고를 코딩을 통해 배우고 있기 때문입니다. 사실 이런 융합적 사고는 학업 시간 외에 주변을 탐구하고 문제를 발견해 해결하는 시간이 주어졌을 때만 가능한 일이라고 생각해요. 코딩 프로그램 하나를 개발하는 데도 많은 시간이 또 필요하기 때문입니다.

다음 자료는 '아이펫'이란 앱과 연동해 반려동물들에게 자동으로 사료를 주는 프로그램인데요. 반려동물이 있는 친구들이 외출이나 여행 시 마음대로 집을 비울 수 없는 고충을 들으며 친구들과 함께 만든 프로그램입니다. 하지만 시간에 맞춰 자동으로 일정한 양의 사료를 주는 시

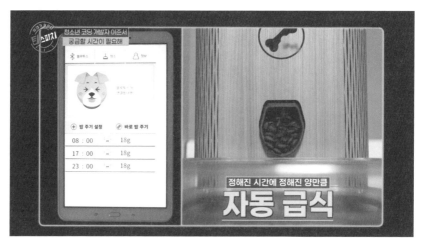

반려동물 자동 급식기 '아이펫'의 화면. ©EBS

스템을 완성하기까지 여러 오류를 잡아내느라 머리를 싸매야 했는데요. 무엇이 잘못됐는지? 어떻게 해결할 수 있는지? 스스로 수없이 질문하며 오류들을 찾아내 결국 성공해 냈습니다. 게다가 개발 수익금 전액을 유기동물보호소에 기부까지 했으니까 사회적 공헌까지 한 셈이죠.

앱 하나를 만들고, 한 단계를 정상적으로 구동하기 위해선 머릿속으로 수천수만 가지의 경우의 수를 떠올리는데요. 코딩에서 한 줄 오류가 나거나 한 부분을 어떻게 구현해야 할지 몰라 헤매다 보면 며칠 밤을 새기도 합니다. 그러다 수만 가지 상상 중 하나가 실제로 실행이 되고 성공했을 때 그 짜릿함은 이루 형용할 수 없는 행복감을 주는데요. 이런 난관을 뚫고 결론에 도달하는 기쁨을 만끽하려면 그만큼의 투자 시간과 문제해결 시간이 반드시 필요하죠.

미래를 위해서는
궁금할 시간이 필요하다!

궁금할 시간이 충분했던 전 이미 하고 싶은 일과 꿈이 정해졌습니다. 10대엔 컴퓨터 프로그래머, 정보보안전문가, CEO가 되기 위해 노력할 거고, 20대엔 미국 대학원에 진학해 다양하고 넓은 분야의 사람들을 만날 계획입니다. 30대엔 정보보안/프로그래밍 관련 회사를 만들어서 많은 사람에게 도움이 되는 정보와 기술 등을 제공할 거고요. 이후엔 재단을 설립해 미래 인재들을 양성하고 싶습니다.

이렇게 진로에 대한 구체적인 목표가 정해졌으니 열심히 달릴 일만 남았습니다. 그런데 코딩에 홀릭된 제가 만약 코딩에만 빠져서 생각할 시간이 없었다면 어떻게 됐을까요? 혹은 정해진 시간표대로 학원을 쫓아다니기만 했다면 어땠을까요? 제 꿈이 정확히 무엇인지도 모르고 방황했을지도 모릅니다.

요즘 전 학교에서 친구들에게 직접 코딩 수업을 진행하는 선생님이 되었습니다. 처음엔 친구들이 너무나 소극적이어서 수업 진행이 힘들었습니다. 그래서 강의식 수업이 아닌 과제를 스스로 풀어 가도록 프로젝트 수업을 진행했는데요. 궁금한 것을 스스로 풀게 하자 스스로 코딩 프로그램을 짤 정도로 적극적으로 변했습니다. 친구들이 변하는 것을 보니, 저도 말할 수 없는 보람과 기쁨을 느꼈는데요. 수업을 열심히 들

는 학생을 선생님들이 왜 좋아하시는지 알겠더라고요. 우리가 대학에 가는 것도 중요하지만, 먼저 세상을 향한 관심을 가지고 스스로 질문하고 답을 찾는 충분한 시간이 주어진다면 어떨까요?

전 코딩을 하며 인생 좌우명을 하나 얻었습니다. '세상을 움직이는 힘! 그 중심 속의 나!' 이것입니다. 저는 궁금함이 세상을 움직이게 하고 그것을 만드는 건 남이 아닌 바로 내가 될 수 있다는 자신감을 얻었습니다. 궁금할 시간이 필요하신가요? 과감하게 시간을 투자해 보세요. 새로운 인생의 목표가 생길 테니까요.

내일을 향한 한 걸음

고등학교 3학년이 된 지금 '기초 아두이노 연구소'의 회장직에서 물러나고, 1·2학년 친구들이 진행하는 것을 참관하며 옆에서 조금씩 도움을 주고 있습니다. 제가 열심히 가르쳤던 후배가 제 뒤를 이어 열심히 교안도 제작하고 수업 준비에 힘쓰는 것을 보면 마음이 뿌듯해집니다.

저는 다른 고3 학생들처럼 공부도 열심히 하고 있지만, 여전히 제가 좋아하는 탐구도 계속하고 있습니다. 학교 수업시간에 물리 개념들을 배우다 보니 아두이노가 생각났고, 아두이노에서 사용되는 센서들은 모두 우리가 배우는 물리 공식을 통해서 움직인다는 것을 떠올리며 자주 사용하는 센서들의 과학적 원리가 무엇인지 알아보기 시작했습니다. 물1에서 배운 플레밍의 왼손/

오른손 법칙, 전자기유도 등이 모두 모터나 스피커에서 사용되는 것을 알게 되었습니다.

이 외에도 여러 논문과 보고서들을 읽으며 배우지 못한 과학적 원리들과 공식을 알아내는 과정이 재미있어서 제겐 오히려 이렇게 공부할 때 스트레스가 해소되는 것 같습니다.

고등학생이 되면 모두가 입시 준비로 바빠지지만, 그 와중에도 틈틈이 자신이 관심이 있는 분야를 탐구하는 데 시간을 쓰며 자신의 미래를 준비하길 바라는 마음입니다. 입시를 위해 달리고 있는 모든 학생에게 자신이 좋아하는 것을 찾으면 나의 길을 만들어 가는 것이 훨씬 수월해지고 즐겁다는 것을 꼭 말해 주고 싶습니다.

====== (**참고하면 좋을 사이트**) ======

- 소프트웨어야 놀자 playsw.or.kr
- 생활코딩 opentutorials.org
- 생활코딩 유튜브 youtube.com/c/생활코딩1/featured
- 이준서 학생 포트폴리오 junseo.pythonanywhere.com

사람을 먼저 생각하면
기술이 나온다

· 앱 개발자 손성민 ·

17세, 앱 개발팀 Reinventor 구성(2019년).
18세, '코로나 알리미' 서비스 개발,
비영리단체 Code For Korea Activist 운영(2020년).

2019년 SKT 스마틴 앱 챌린지 미래산업부문 최우수상

　　　　SKT APPJAM 미래부문 최우수상

　　　　삼성 주니어 소프트웨어 창작대회 고등부 우수상

　　　　NUGU Play 코로나 알리미 개발·운영

　　　　Bixby 마스크 알리미 개발·운영

　　　　Discord 코로나19 알리미봇 개발·운영

　　　　개인안심번호 개발

2020년 대한민국 인재상

　　　　한국 코드페어 금상

　　　　SKT 스마틴 앱 챌린지 미래산업부문 대상

　　　　전국 고등학생 창업경진대회 최우수상

　　　　고교-연계 R&E 금상(연구 주제: 소멸위기 언어를 위한 자연어 처리 인공지능)

　　　　STU 창업 공모전 은상

　　　　SKT ICT 장애인 보조공학기기 공모전 장려상 등

　　　　삼성 오픈소스 컨퍼런스(SOSCON) 세션 발표

　　　　NIA 데이터 크리에이터 캠프 최우수상

#앱개발 #사람먼저 #근자감

반갑습니다. 저는 대전 대신고등학교 2학년에 재학 중인 손성민입니다.

우리가 눈을 뜨면서부터 감을 때까지 우리 손에서 떨어지지 않는 물건이 하나 있습니다. 뭘까요? 바로 스마트폰입니다. 학교 공부에 필요한 자료도 찾고, 영상도 보고요. 친구들과 대화도 하고, 배달 음식도 시켜 먹습니다.

이런 일들이 가능한 건 바로 스마트폰에 깔린 앱이 있기 때문인데요. 저는 제 스마트폰 화면에 깔린 앱을 볼 때마다 좀 뿌듯합니다. 바로 수많은 앱 중에 제가 개발한 앱이 있기 때문입니다. 한 열 개쯤은 됩니다! 사실 저도 제가 이렇게 많은 앱을 만들게 될지 몰랐습니다. 컴퓨터를 좋아하긴 했지만, 프로그래밍 기술로 특정한 것을 만들어 낼 수준은 아니었거든요. 그런데 앱을 만드는 게 가능했느냐고요? 네, 가능했습니다. 어떻게 가능했을까요? 궁금하시죠? 지금부터 그 이야기를 시작해 보려 합니다. 전문가도 아닌데 어떻게 앱을 개발하고, 한 개도 아닌 여러 개의 앱을 개발할 수 있었을까? 이 궁금증에 대한 답은 바로 제가 앱을 개발하면서 느낀 세 가지로 설명이 될 수 있을 것 같습니다.

우리 할머니는 왜
스마트폰을 전화로만 쓸까?

첫 번째, 사람을 우선 생각하는 것이 중요합니다. 요즘에는 초등학생 그리고 유치원생들도 스마트폰을 사용하죠? 검색도 하고 영상도 보고. 뭐, 나이가 어리다고 못 하는 게 없죠. 그런데 반면, 어르신들이 스마트폰에 대해 불평하는 걸 들어 보신 적도 있을 겁니다. 복잡하다고, 쓰기 힘들다고 그러지 않으시던가요? 딱 저희 할머니가 그랬습니다. 뭔가를 계속 누르시긴 하시는데 "이게 뭐냐, 이거 어떻게 하라는 거냐" 하고 계속 물어보시거든요. 그러다가 결국 포기하고 마시죠. "에이~ 됐어. 그냥 전화만 쓸 수 있으면 되지 뭐."라고요.

여러 차례 연습 끝에 이제 영상통화를 하거나 사진을 주고받는 건 하시게 됐는데요. 할머니가 제일 신기해하는 게 있어요. 저희 엄마나 제가 할머니가 필요한 물건을 앱을 통해서 구매하고 주문해 드리면 그걸 그렇게 신기해하시는 거예요.

하루는 할머니랑 같이 홈쇼핑을 보고 있는데, 전기불판이 나왔어요. 그래서 홈쇼핑 앱을 깔고 주문하는 방법을 알려 드렸더니 이게 어떻게 이렇게 될 수 있냐고, 정말 신세계를 만난 듯 신기해하셨습니다. 그런데 문제는 그다음부터였어요. 이런 게 있다고 알게 됐어도 혼자서는 잘 못 하시더라고요. "그다음에 어떻게 하라고 했지? 이렇게 나오는데 이게 뭐냐?" 이러면서 물어보고 또 물어보고……. 좀 답답하기도 하고 안타깝기도 했어요. 그러면서 할머니의 스마트폰을 자세히 보게 됐는데요. 할머니는 전화 걸고 받고, 문자 주고받고, 사진 주고받고, 뭐 이런 기능 외에 쓰시는 앱이 거의 없는 거예요.

여러분도 잘 아시다시피 요즘 앱 활용을 못 하면 스마트폰을 쓸 이유가 없잖아요. 누구나 쓸 수 있게 되어 있는데, 그 기능을 활용하지 못하고, 여러 정보를 받을 수 있는 혜택도 받지 못하고……. 노인들이 정말 정보로부터 소외당하고 있다는 생각이 들었고 저는 이게 심각한 문제라고 생각했어요.

우리 사회는 점점 고령화 사회로 나아가고 있고 노인분들도 당당한 사회의 주요 인원인데, 사실 이분들이 소외되고 있다는 것 자체가 말이 안 되는 상황이잖아요. 그래서 제가 어르신들을 위해 복지 정보를 제공해 주는 사이트는 어떻게 되어 있을까 궁금해서 들어가 봤거든요.

다음 화면이 제가 본 앱 중 하나인데요. 10대인 우리가 보기에는 '뭐가 문제지?'라고 생각하실 수도 있는데요. 저는 어르신들에게는 조금 불편하겠다는 생각이 들었습니다. 이 정도의 글자 크기를 어르신들이 볼 수 있다고 생각하시나요? 그리고 그분들이 이런 복잡한 메뉴 구조를 학습하실 수 있다고 생각하시나요? 저는 아니라고 생각했습니다. 어르신들에게 정말 필요한 정보들을 그분들도 쉽게 접할 수 있으면 훨씬 편리할뿐더러 많은 혜택을 누릴 수 있을 텐데……. 정말 너무 안타까운 마음이 들었어요.

저의 앱 개발은 이렇게 우리 할머니로부터, 그러니까 '사람'을 생각하는 데서 시작했습니다. 그런데 저에겐 아주~ 큰 문제가 있었죠. 기획과 아이디어는 있는데, 정작 전 앱 개발을 할 줄 몰랐다는 겁니다. 그러면 저는 포기해야 할까요?

노인을 대상으로 한 앱 화면.

능력이 부족하면 같이 하면 된다

저는 일단 시작해 보자고 마음을 먹었습니다. 사실 많은 사람이 뭔가 일을 시작할 때 '내가 할 수 있겠어?', '내가 이런 일을 어떻게 해?'라고 생각하는데, 저는 이 점을 조금만 달리 생각하면 된다고 생각하거든요. 일단 시작해 보자는 겁니다. 이렇게 생각하면 방법이 생각나거든요. 그러면 저는 어떤 방법을 찾아냈을까요? 바로 '팀'을 만드는 것이었습니다. 정말 감사하게도 제 주변에는 꽤 능력 있는 친구들이 많았어요. 그림 실력과 디자인이 뛰어난 친구도 있었고요. 프로그래밍하는 친구들도 있었어요. 그리고 무엇보다 친구들 또한 제가 생각한 아이디어에 공감하더라고요.

그래서 저는 친구들과 함께 사회를 재창조하겠다는 의미를 지닌, 'Reinventor'라는 팀을 구성했습니다. 팀을 만든 게 고등학교 1학년이 되던 해였는데요. 그렇게 팀을 구성했지만, 개발 과정은 정말 지옥이라고 할 만큼 힘들었어요. 이런 앱을 만들어야 하는 취지에 다들 공감은 했지만, 모두가 실제 개발 경험이 많았던 것은 아니었거든요. 그런데 모두 한 가지 목표가 있으니까, "일단 해보자!"를 외쳤죠!

저는 프로그래밍하는 친구에게 만드는 과정을 차근차근 배우기 시작했고, 저를 비롯해 우리 팀원들 모두가 열심히 했습니다. 어떻게 보면 저는 그때 미쳐 있었던 것 같아요. 서너 시간 자는 시간 외에 깨어 있는 시간에는 계속 앱 개발만 생각했을 정도였거든요.

이게 제가 한창 개발할 때 하루 시간표를 재구성해 본 건데요. 지금 생각해 보면 정말 힘들게 살았던 것 같아요. 이건 누가 저에게 하라고 해서 한 게 아니라, 제가 제 아이디어에 대한 애착과 믿음이 있었기에 가능했던 것 같아요. 시험 기간에도 시험 공부 반, 프로그래밍 반 이런 식으로 했는데, 당연히 성적은 떨어졌습니다.

이렇게 노력해서 탄생하게 된 게 바로 다음 화면에 보이는 앱입니다. 집 근처 어르신들이 이용

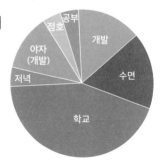

손성민 학생의 하루 시간표.

할 수 있는 복지 센터들이 보이고요. 관련된 정보들을 쉽게 확인할 수 있습니다. 어르신들이 사는 지역에서 제공되는 정보와 혜택을 꼼꼼하게 그리고 쉽게 확인할 수 있는 거죠. 작은 아이디어와 열정을 갖고 만들어 낸 이 앱은 소프트웨어 창작대회에서 우수상을 받는 영광도 누렸습니다.

"일단 시작하자." 그 마음이 없었다면, 이런 결과를 얻지 못했겠죠? 무모한 도전처럼 보였지만, 이런 행동이 있었기에 개발에 성공할 수 있었던 것 같습니다.

하지만 보다 중요한 깨달음이 있었습니다. 앱을 개발하기 위해 이 서비스를 실제 사용할 어르신들을 만나 이야기를 나누고, 복지 문제 전문가들도 만났었거든요. 그러면서 사회 복지 문제를 탐색하고, 이 문제를 비판적으로 볼 수 있는 안목을 갖게 됐다는 점입니다. 그리고 내가

어르신을 위한 복지 앱 'ALLNEW' 홈 화면.　어르신을 위한 복지 앱 'ALLNEW' 서비스 화면.

배우고 개발한 재능으로 좀 더 따뜻한 세상을 만들 수 있고, 변화시킬 수 있겠다는 확신을 하게 된 거죠.

이렇게 생각하다 보니, 그냥 앱 하나를 개발하고 일을 끝내는 게 아니라, 뭘 더 할 수 있는지, 어떤 일을 더 할 수 있는지 하는 것들을 고민하게 되더라고요. 이런 생각은 제가 한 단계 더 높은 기술을 터득하고 고민하게 해 준 계기가 되었습니다.

따뜻한 세상을 만드는
기술을 꿈꾸다

올해 초, 코로나19가 전 세계로 퍼지면서 세계는 팬데믹 상황을 맞이했죠. 뉴스를 보는데, 정말 무서웠습니다. 자고 일어나면 확진자 수가 점점 늘어나는데 뭔가 정체를 알 수 없는 것과 싸운다는 현실이 두렵기까지 하더라고요. 무엇보다 전염력이 굉장히 강해서 확산을 막는 게 중요했잖아요. 그렇기에 가장 필요한 건 바로 정보 공유였습니다.

코로나19 발생 초기에 많은 개발자가 '코로나 맵' 같은 서비스를 만들어 냈는데요. 당시에는 데이터들이 불편하게 퍼져 있었고 정부 사이트 역시 정보 수집이 일정하지 않았거든요. 그래서 개발자가 직접 정보를 수집해 올리는 서비스가 많이 생겼어요.

그런데 저는 좀 다르게 생각했어요. 스마트폰을 제대로 활용하지 못

하는 어르신들이 과연 이런 서비스를 제대로 활용할 수 있겠냐는 생각이 들었죠. 저는 노인분들에게는 이런 서비스가 또 다른 차별이 될 수 있다고 생각했고, 그때 많은 생각이 들었어요. '코로나19 위기 상황에서 내가 가진 재능으로 사회에 이바지할 수 있는 일은 뭘까?' 하고 말이죠. 그러다 인공지능 스피커가 노인들이 오히려 편하게 활용할 수 있고 사용자가 점차 늘어나고 있다는 이야기를 듣게 됐는데, '아, 이거다!' 싶더라고요. 그렇게 탄생하게 된 서비스가 '코로나 알리미'입니다.

인공지능 스피커에게 "코로나 알리미에서 확진자 알려 줘"라고 말하면, 확진자가 몇 명인지 알려 주기도 하고요. "코로나 알리미에서 대전광역시 동부에 있는 병원 알려 줘"라고 말하면, 근처의 병원 목록을 읽어 줍니다. 이렇게 어르신들이 코로나19와 관련된 궁금한 정보들을 바로바로 알 수 있고요. 코로나 확진자 동선, 코로나 현황은 물론 근처 병원 정보도 안내하고 있습니다.

2월 7일부터 현재까지 해당 서비스를 운영하고 있는데요. 감사하게도 9만 번이 넘는 호출이 이어지고 있습니다. 여기까지 이야기를 들으면서 몇몇 분들은 이런 생각을 하실 것 같아요. 머리가 좋아서 앱 개발한 거 아니냐고 말이죠. 그런데 제가 처음에 말한 것처럼, 저는 앱 개발을 할 줄 아는 학생도 아니었습니다.

할머니의 불편함을 보면서 앱을 만들 생각을 했고, 일단 시작해 보자고 마음을 먹으니 '팀을 만들어 해 보자'란 방법이 생각났고, 코로나

19로 인해 위기를 맞이한 상황에서 제가 가진 재능으로 무엇을 할 수 있을까 생각하다 보니, 제가 개발한 기술들을 개선하고 보완해서 또 다른 것들을 만들어 낼 수 있었습니다.

자신감이 모든 일의 핵심이다

한 가지를 더 이야기하자면, 바로 '근자감'인데요. 근자감은 "대체 어디서 나오는 자신감이냐?"란 맥락, 그러니까 근거 없는 자신감이라는 뜻이죠. 긍정적인 단어는 아닌데, 저는 이 근자감이 저를 특별하게 만들어 주는 강점이라고 생각하거든요.

그러니까 앱 개발을 할 줄도 몰랐던 제가 할머니가 스마트폰 이용이 불편하시다고 하니까 '그럼 내가 한번 해 볼까? 하면 되지! 내가 하면 잘할 수 있겠는데?' 이런 생각이 들었거든요. 바로 근자감에서 나온 거죠. 뭔가 약간은 무모하다 싶은 일을 시작할 때 이런 말들을 합니다. '나는 어려서 할 수 없어' 혹은 '어린애가 뭘 할 수 있겠니?' 자기 스스로, 그리고 주변의 누군가 던지는 말에 일을 시작하기도 전에 겁부터 먹지 말고, 자신이 못한다는 생각 자체를 버리고, 할 수 있다는 자신감을 가져 보면 어떨까 하는 생각이 들어요.

그런 자신감이 있다면 자신이 계획한 목표는 언젠가 현실이 될 수 있다고, 그리고 결국엔 어른들도 깜짝 놀라고, 나도 나에게 놀랄 수 있다고 생각합니다.

　그리고 저는 오늘 여러분들이 이 점 또한 기억해 주셨으면 하는데요. 사회문제를 해결한다는 것이 그렇게 거창한 데서 시작하는 게 아니라는 말입니다. 엄청 어렵고 심각한 문제나 무슨 어려운 정책 같은 것을 사회문제라고 하는 게 아니에요. 제가 저희 할머니가 스마트폰을 사용하며 불편해하시는 모습을 보면서 어르신들이 정보로부터 소외되고 있는 현실을 깨달은 것과 마찬가지로 말입니다.

　저는 앞으로도 계속 사람을 생각하고, 근자감을 갖고 일단 시작하고, 제가 개발한 기술들을 계속 개선해 나갈 것입니다. 저의 이런 도전, 그리고 여러분의 도전이 조금은 더 좋은 사회, 더 나은 사회를 만들 수 있지 않을까요? 여러분과 저의 도전이 계속되길 바랍니다. 감사합니다.

내일을 향한 한 걸음

비영리단체 'Code For Korea'에서 활동가로 활동하며 사회에 도움을 줄 수 있는 소프트웨어 개발을 이어 나가고 있습니다. 2021년 초, 개인정보보호위원회와 QR 체크인 업체들(카카오, SKT 등)과 협업하여 코로나 수기명부의 개인정보를 보호할 수 있는 '개인안심번호'를 'Code For Korea' 활동가들과 함께 개발하였습니다. 언론을 통해 우수한 민관협력의 사례로 소개되었으며, 정부서울청사에서 개최된 '개인정보 톡톡릴레이'에 참석하여 개인정보 보호를 위한 방안을 제안하기도 했습니다.

이후 국민의 개인정보 보호에 기여한 점을 인정받아 '개인안심번호 도입 유공자'로 선정되어 개인정보보호위원장으로부터 표창을 받기도 하였습니다. 최근에는 공직자 재산 공개 내역을 개발자들이 쉽게 사용할 수 있는 형태로 제공할 것을 '광화문 1번가'를 통해 정부에 제안하였으며, 유기동물의 재분양률 등의 문제를 해결할 수 있는 서비스를 개발하고 있습니다. 추후 대학에 진학하여 소프트웨어에 대한 전문적인 지식을 공부하며 부족한 전문성을 갖추고, 우리 사회의 문제를 해결할 수 있는 파급력 있는 소프트웨어를 개발하는 것이 목표입니다.

참고하면 좋을 사이트

• 소프트웨어야 놀자 playsw.or.kr
• 생활코딩 opentutorials.org
• 생활코딩 유튜브 youtube.com/c/생활코딩/featured

작은 아이디어는
불편함에서 시작된다

· 학생 발명가 설혜리 ·

5세 때부터 12년 동안
지속적인 발명·창작 활동을 이어 오고 있다.

2010년   제32회 경남학생과학발명품경진대회 동상
        <두 개의 모양을 같이 사용하는 모양 가위>
2011년   제33회 경남학생과학발명품경진대회
        <채집용 집게 겸 핀셋>
2012년   제34회 경남학생과학발명품경진대회
        <눈금이 달린 장갑>
        제25회 대한민국학생발명전시회
        <핀셋 겸 집게>
2013년   제35회 경남학생과학발명품경진대회
        <연필을 원점으로 하는 컴퍼스>
2014년   제36회 경남학생과학발명품경진대회
        <크기가 변하는 필통>
2015년   제37회 경남학생과학발명품경진대회
        <전면, 측면 겸용 콘센트>
2019년   제41회 경난학샌과학발명품경진대회 동상
        <초음파 트랜스듀서를 이용한 나 혼자 듣는 디지털피아노>
2020년   제33회 대한민국학생발명전시회
        <바다 생태계의 시간표, 조석 그래프를 갖는 물때 시계>

안녕하세요. 학생 발명가, 설혜리입니다.

다음 화면은 지금까지 제가 발명대회에 나가서 받은 상입니다. 무려 아홉 개나 되죠. 이렇게 많은 상을 받다 보니 학생 발명가란 타이틀이 생겼는데요. 여러분들은 발명가라고 하면 어떤 이미지가 떠오르시나요? 괴짜, 혹은 필요 없는 물건을 목숨 걸고 만드는 사람, 그러면서도 때로는 천재, 뭐 그런 이미지가 아닐까 생각되는데요. 그렇다면 제가 괴짜로 보이나요? 아니면 천재로 보이시나요?

물론 저는 괴짜, 천재, 그런 소리를 자주 듣는 편이긴 합니다. 공부는 조금 잘하는 것 같지만, 또래 친구보다 엄청나게 비범한 천재는 아닌 것 같고요. 보시다시피 경남 통영에 사는 평범한 고등학생입니다. 이렇게 평범한 학생이 어떻게 '학생 발명가'라는 타이틀을 갖게 됐을까요? 지금부터 저의 발명 경험을 여러분과 공유하고, 제가 생각하는 발명이 가진, 나를 그리고 미래를 변화시킬 힘에 대한 이야기를 하고자 합니다. 본격적인 이야기에 앞서 몇 가지 재미있는 발명품을 함께 좀 보실까요?

화면에서 뇌파 측정기를 연상시키는 기계는 무엇일까요? 정답은 전경을 360도 촬영할 수 있는 사진기입니다. 기발한 아이디어이지 않나요?

몸을 다 가려 주는 저런 우산을 쓰고 다닌다면 빗물이 절대 튀지 않겠군요. 하지만 비 대신 남들의 시선이 쏟아질 것 같습니다.

마지막으로 두루마리 휴지를 머리에 고정할 수 있는 장치입니다. 코를 자주 푸시는 분들에게는 안성맞춤이겠죠?

이 사진들에서 혹시 공통점을 찾으셨나요? 바로 '내 시야에 들이오지 않는 주변 환경을 촬영하고 싶은 생각', '비 오는 날 뽀송뽀송한 옷을

전경을 촬영할 수 있는 카메라.　　빗물 튐 방지 우산.　　머리에 고정해서 쓰는 두루마리 휴지.

입고 싶다는 생각', '계속 콧물이 나오니 휴지가 계속 필요하면 좋겠다는 생각'에서 출발한 누군가의 아이디어가 발명품이 된 겁니다. 이렇게 발명은 때로는 우리를 즐겁게 하기도 하며 기발한 아이디어로 생활을 편리하게 만들기도 하는데요.

저 역시 앞서 본 사진처럼 '생활하면서 불편함을 느낀 걸 어떻게 해결하지?' 하는 고민을 하다가 발명을 하게 됐습니다. 그런데 그러다가 정말 영광스럽게도 아주 큰 상을 받을 수 있었는데요. '제33회 대한민국 학생발명전시회'에서 대통령상을 받은 겁니다. 바로 이건데요. '바다 생태계의 시간표, 조석 그래프를 갖는 물때 시계'입니다.

불편해서 만든 물때 시계로
대통령상까지

처음 보시면 '어? 이게 뭐지?' 하시는 분들이 있으실 텐데요. 겉으로는 복잡해 보이지만 실제 사용법은 간단하답니다. 시침과 초침을 이용해 현재 시각을 맞추고, 시계 중앙에 있는 날짜 칸을 조정해 물때와 날짜를 맞추면, 시간이 흐름에 따라 조석 표시창의 침이 이동하며 그 당시 시간의 수위를 알려 주는 겁니다. 그러니까 이 시계를 보면 '지금 바다에 나가면 되겠구나', '지금은 안 되겠구나'를 금방 알 수 있는 거죠.

어떠세요? 한눈에 알 수 있겠죠? 제가 이 시계를 고안하게 된 이유는 다른 게 아닙니다. 제가 너무 불편했던 겁니다. 앞서 말했듯이 저는 통영에 살고 있습니다. 집에서 5분 정도만 나가면 바로 바닷가인데요. 그렇다 보니 어렸을 때부터 바닷가에 나가 채집활동과 낚시를 하는 게 취미였습니다. 바닷가에 갈 때면 항상 물때 달력을 보곤 했는데, 처음 봤을 당시 도저히 어떻게 봐야 하는지 감이 안 잡히더라고요.

여러분도 할머니 댁 등에서 한 번쯤은 보셨을 겁니다. 빼곡히 뭔지 모르는 숫자가 적혀 있습니다. 고(高)라고 적힌 부분의 시간이 만조(晚潮), 저(低)라고 적힌 곳의 시간이 간조(干潮)입니다. 물결무늬의 가장 상단부가 만조, 하단부가 간조입니다. 몇 번 보다 보면 익숙해지지만 처음 보시면 굉장히 헷갈리실 겁니다.

종종 물때 달력을 잘못 읽어 만조나 간조 시간을 착각해 갯바위에 고립되는 위험한 상황도 발생하거든요. 그래서 쉽게 한 번에 볼 수 있게 만들어 보고자 생각한 겁니다. 그런데 사실 처음에는 아이디어만 있었고 마땅히 해결 방안을 찾지 못했습니다. 그러다가 고등학교에 가면서 달의 운동을 깊이 공부하게 됐는데요. 그때 아이디어가 떠오르더라고요.

그래서 저는 시계를 만들기 위해 공식을 계산해 냈습니다. 간단하게 말하면, 달이 뜨는 시간, 조석 주기 등을 입력해서 계산한 겁니다. 그런데 이게 시제품이 아니다 보니까 제가 직접 만드는 데는 어려움이 많았습니다. 도면을 수십 차례 수정하고, 기어를 수십여 개 만들어 보는 등

수많은 시행착오를 겪었습니다.

다행히 아버지께서 기술이 있으셔서 제가 생각해 낸 것들을 만드는 데 도움을 주셨고요. 작품 제작이 끝난 후 처음 작동시켰던 순간, 그날을 잊을 수가 없는데요. 세팅을 하고 직접 바닷가에 가서 밀물과 썰물의 변화 양상을 관찰하며 시계가 잘 작동하는지 확인해 봤는데, 큰 오차 없이 잘 작동하더라고요. 정말 뿌듯했습니다. 부모님과 함께 낚시를 가서 실제로 이 시계를 사용해 봤는데 만조와 간조 시간도 안 헷갈리고 편하더라고요. 옆에서 낚시하는 분들께서도 신기한 걸 만들었다며 기발하고 대단하다고 하셨습니다. 칭찬을 들으니 괜히 어깨가 으쓱해지기도 했고요.

그리고 이 물때 시계로 대통령상까지 받게 된 건데, 어떤 분께서 그런 말씀을 하더라고요. '낚시 다닐 때 물때 시간 확인하는 게 여간 귀찮은 일이 아니었는데, 이 시계 있으면 진짜 편하겠다', '바다 일 관련한 사람들한테는 정말 유용하겠다'라고 말입니다. 그러니까 다~ 불편함을 느끼고 있었던 부분인 거잖아요? 제가 생각한 이 물때 시계가 많은 사람의 불편함을 해결해 주니, 그 또한 감동적이기도 했습니다.

설혜리 학생이 발명한 물때 시계.

발명의 즐거움은
불편함을 해결하는 것부터

일반적인 사람들이라면 발명이란 단어를 들으면 복잡하고 어려운 것이라고 생각할 거예요. 하지만 저에게 발명이란 즐거움이라고 말할 수 있을 것 같은데요. 저는 취미활동에서의 불편함을 해결하고자 발명을 시작했는데 그에 따라 문제점을 해결하는 일종의 성취감을 느끼게 되며 발명의 즐거움을 알게 된 것 같습니다. 그리고 새로운 아이디어를 내고 직접 구현시키는 과정에서의 재미도 있었어요.

사진에 보이는 꼬마 아이가 유치원생 시절의 전데요. 저렇게 어릴 때부터 발명했느냐고요? 네. 바로 이때부터 제 발명이 시작됐습니다. 저는 어렸을 때 공룡을 정말 좋아했거든요. 그리고 공룡 전개도를 프린트해 제 키보다 큰 공룡을 만들고 종이접기를 하는 걸 굉장히 좋아했습니다.

어느 날 저는 모양 가위로 종이를 자르며 놀고 있었어요. 아마 초등학교 때 핑킹 가위 누구나 한 번쯤은 다 써 보셨을 거예요. 그런데 지그재그 모양을 자르려면 핑킹 가위를 사용하고, 직선 모양을 자르려면 다시 보통 가위를 사용해야 하죠. 여러분은 어떠셨나요? 저는 이렇게 다른 모양을 자를 때마다 사용하던 모양 가위를 내려놓고 다른 모양 가위를 찾아 집어 들고 사용하다 보니 불편했거든요.

그때 생각해서 만든 발명품이 있는데요. 바로 '두 개의 모양을 같이 사용하는 모양 가위'입니다. 이 아이디어는 제가 즐겨 보았던 한 동물 관련 TV 프로그램에서 한 장면을 보고 생각해 낸 건데요. 악어를 이동시키는데, 밧줄을 이용해 악어의 주둥이를 묶어서 운반하는 거예요. 그 장면을 보고, '아, 모양 가위 2개를 붙이고 한쪽 모양 가위를 줄로 묶으면 되겠구나'라는 생각이 들었습니다. 제품을 만드는 건 부모님의 도움을 받았고, 이렇게 처음으로 발명을 하게 된 거죠.

저는 놀면서, 그리고 뭔가를 즐기면서 '아, 이랬으면 좋겠다', '이런 건 없을까?' 이렇게 생각하면서 여러 가지를 발명했어요. 제가 태어나고 자란 고향이 통영이잖아요. 도시에 비하면 정말 많은 것들을 체험할 수 있어서 많은 발명이 가능했던 것 같습니다.

바닷가 생활을 하면서 발명한 발명품이 또 있어요. 바로 고무장갑인데요. 어렸을 때 바닷가에서 채집활동을 많이 했어요. 바닷가에서 채집활동을 하다 보면, 물의 깊이도 궁금하고 채집하고자 하는 생물의 크기도 바로 잴 수 있으면 좋겠다는 생각을 많이 하거든요. '채집활동을 하면서 바로바로 기록지에 크기를 기록할 수 있지 않을까?'라고 생각한 거죠. 그래서 고무장갑에 눈금 표시를 했어요. 정말 간단하죠? 한 번에 물의 깊이는 물론 생물의 크기를 바로 잴 수 있는 거죠.

채집용 핀셋, 이것도 같은 원리인데요. 채집활동 할 때 집게, 핀셋 따로 들고 다니는 게 너무 불편해서, 이걸 합쳐서 만든 거예요. 정말 긴단하죠? 저는 이렇게 제 일상 속의 불편함을 해결하기 위해 아이디어를 생각하고 그것을 발명으로 연결하게 되었습니다.

발명은 세상에 새로운 가능성을 열어 주는 길이다

여러분, 이게 뭘까요? 바로 제 발명 노트입니다. 저는 어렸을 적부터 제 일상 속의 불편을 해결하기 위한 아이디어들을 기록했는데요. 저의 취미였던 만들기, 채집활동 등에서 대부분의 아이디어가 나왔습니다. 아이디어가 떠오를 때마다 발명노트에 기록했는데, 하나하나 아이디어를 쌓아가고 보완해 가는 과정이 상당히 재미있더라고요. 그래서 현재까

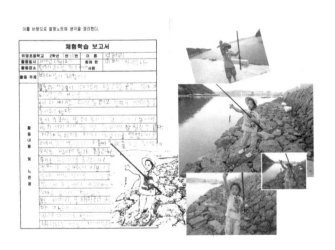

설혜리 학생의 발명 노트.

지 아이디어를 기록 중입니다. 저의 사소한 불편함에서 시작된 기록은 곧 발명으로 이어졌고, 이러한 발명 노트를 작성함으로써 저의 상상 능력은 계속 성장해 갔습니다.

여러분 혹시 이런 문장 들어 보셨나요?

"The best way to predict the future is to create it(미래를 예측하는 가장 좋은 방법은 미래를 창조하는 것이다)."

이것은 피터 드러커*의 명언으로 제가 가장 좋아하는 말 중 하나이기도 합니다. 저는 여기서 '만들다(create)'라는 단어를 '상상하다(imagine)'로 바꾸겠습니다.

"The best way to predict the future is to imagine it(미래를 예측하는 가장 좋은 방법은 미래를 상상하는 것이다)."

여러분, 토머스 에디슨이 누군지 아시죠? 너무나 유명한 발명왕입니다. 제가 가장 좋아하는 발명가 중 한 분인데요. 에디슨은 '실패는 성공의 어머니'라고 하며 "나는 실패한 적이 없다. 나는 단지 1만 개의 작동하지 않는 방법을 발견한 것이다."라는 명언을 남겼습니다. 에디슨이 백열 전구 개발에서 몇 번 실패하였는지 알고 계신가요? 총 2,399번입니다. 그리고 2,400번째의 시도에서 성공하며 "누구에게나 2,400번의 기회는 있다."라고 말했습니다. 에디슨은 전구의 필라멘트 재료를 찾기

* 피터 드러커(Peter Drucker): 현대 경영학을 창시했다고 평가받는 미국의 경영학자.

위해 금속 6,000종, 동물의 털 2,000종, 식물 섬유 2,000종 등 무려 1만 여 종의 재료를 모았습니다. 우리는 에디슨의 피나는 노력 끝에 어둠에 서 해방될 수 있었던 거죠.

에디슨은 미국 내에서만 1,000여 건이 넘는 특허를 가지고 있습니 다. 우리는 에디슨을 발명의 아버지라고 합니다. 에디슨은 "천재는 1% 의 영감과 99%의 노력으로 이루어진다."라는 말도 남겼습니다. 여기서 도 저는 한 단어를 바꿔 보겠습니다. 앞의 '천재'라는 단어를 '발명'으로 바꾸는 겁니다. 그리고 또 저의 의견을 추가해 보겠습니다.

"1%의 영감, 즉 1%의 아이디어는 99%의 노력을 지배하고 이끈다."

어떠신가요?

저는 유치원 때부터 12년 동안의 발명, 창작 활동으로 사물을 보는 눈과 생각을 많이 배웠습니다. 불편함의 기록은 곧 발명으로 이어졌고, 이를 통해 미래를 대비하기 위한 발명을 생각할 수 있게 됐습니다. 그 리고 그 안에서 찾아낸 건, 발명이란 바로 내가 느끼는 불편을 해결하는 데서부터 시작하며, 이러한 발명은 누구나, 다 할 수 있다는 사실입니 다. 세상에 새로운 가능성을 열어 주는 길, 바로 여러분이 주인공이 돼 보는 건 어떨까요? 감사합니다.

참고하면 좋을 사이트

- 한국발명진흥회 kipa.org/kipa
- 한국대학발명협회 invent21.com
- 국제지식재산연수원 iipti.kipo.go.kr
- 국제지식재산교육포털 ipacademy.net
- 발명교육포털사이트 ip-edu.net
- 한국여성발명협회 inventor.or.kr
- 특허청 kipo.go.kr

작은 구멍 하나도
위대한 발명이다

· 문과생 발명가 김유민 ·

16세, 대만 가오슝 국제발명대회에서 '블록식 빗자루'로
은상과 해외특별상 수상(2017년).
19세, 발명의 날 기념식에서 발명 유공자로 선정(2020년).
12개의 특허출원, 3개의 특허등록, 1개의 상표등록 보유,
22개의 국내외 발명대회에서 입상.

2017년 대한민국 학생발명전시회 - 입상

　　　　WICC 세계발명대회 - 금상, 말레이시아 해외특별상

　　　　대만 가오슝국제발명디자인엑스포 - 은상, INNOPA 해외 특별상

2018년 말레이시아 국제발명전시회 - 금메달

　　　　말레이시아 UNIMAP대학 국제창의력 발표대회 - 최우수 논문 발표상

　　　　제11회 유럽 창의력 발명혁신 전시회 - 발표력 우수상

　　　　캐나다 국제 발명전시회 - 금메달

　　　　청소년발명아이디어경진대회

　　　　 - 대상(과학기술정보통신부장관상), 특별상(경기도교육감상)

2019년 CBS방송 <세상을 바꾸는 15분> '과학을 잘해야만 발명하나요?' 강연자

　　　　발명진흥회 발명 수기 공모전 - 우수작

2020년 세계 창의 논문 학술대회 - 금상

　　　　제55회 발명의 날 기념식 - 발명진흥회장상

#문과와발명 #소소한상상력
#선한영향력

제가 갑자기 앞치마를 두르고 나와서 놀라셨나요? 오늘 여러분에게 이 앞치마를 소개하려고 직접 입고 나왔어요. 어때요? 조금 독특해 보이지 않나요? 이건 보통 앞치마가 아니고 특허출원한 앞치마인데, 기존 앞치마의 단점을 개선한 발명품이에요.

　말로만 들어서는 감이 잘 안 오시죠? 제가 기존 앞치마와 비교해서 보여 드릴게요. 우리가 보통 사용하는 앞치마는 보통 세 가지 종류가 있는데요. 허리에 묶는 앞치마는 상의에 이물질이 묻고 목에 거는 앞치마는 착용이 번거롭고 어깨에 거는 앞치마는 끈이 자꾸 흘러내리는데, 이 앞치마는 그런 단점이 전혀 없어요. 일단 접착식으로 돼 있어 붙였다 떼기만 하면 끝! 소매와 다리까지 감쌀 수 있어 이물질이 묻을 걱정이 전혀 없어요. 일회용이라 세탁할 필요도 없고 정말 간편하지 않나요? 이런 간편하고 편리한 앞치마를 누가 생각해 냈을까요? 맞아요. 바로 접

김유민 학생이 발명한 특수 앞치마. ⓒEBS

니다.

안녕하세요. 소소한 발명으로 세상을 이롭게 하고 싶은, 수원여자고 등학교 3학년 김유민입니다.

저는 어릴 때부터 발명을 했습니다. 이 앞치마도 그중 하나예요. 엄마가 집안일 하실 때 앞치마를 입은 모습이 너무 불편해 보였어요. '어떻게 하면 엄마가 편하게 사용할 수 있을까?' 고민하다가 특허출원까지 했어요. 현재 저는 12건의 특허출원과 3건의 특허등록, 1건의 상표등록을 보유하고 있습니다. 2020년에는 '발명의 날' 기념식에서 발명유공자로 선정돼 표창을 받고, 22개의 국내·국제발명대회에서 수상했습니다.

상을 받고 학교에 갔는데 마침 선생님께서 저를 부르시더라고요. '상 받았다고 칭찬해 주시려나' 들떠서 교무실로 갔는데, 선생님께서 하신 말씀은 "유민아. 발명한다는 애가 과학 성적이 왜 이래? 과탐 점수라도 좋아야 하는 거 아니니?"였어요. 순간 정신이 번쩍 들더라고요. 아, 이게 현실이지.

여러분. 혹시 제 이야기에 실망하셨나요? 아니면, 특허출원을 하고 발명대회에서 상을 받아서 저를 과학영재라고 생각하셨나요? 저는 '과학영재'가 아니라, 반대로 '과학이 어렵기만 한 평범한 문과생'이에요. 밤새워 열심히 공부해도 과학이 너무 어렵고 성적도 오르지 않지만, 과학성적은 좋지 않아도 발명성적만큼은 자부합니다.

제가 문과생이고 과학을 못하긴 하지만 과학을 하는 데 전혀 문제가 되지는 않았어요. 어떻게 그럴 수 있냐고요? 오늘 그 이야기를 들려드릴게요.

여러분은 발명이 뭐라고 생각하세요? 어렵고 복잡한 것? 과학적인 것? 특별한 사람들이 하는 것? 우리는 왜 발명을 어렵게 생각할까요?

"특허와 실용신안은 자연법칙을 이용한 것으로 고도한 것을 특허, 고도하지 않은 것을 실용신안이라고 한다. 특허의 존속기간은 출원일

로부터 20년, 실용신안은 10년이다."

중학교 1학년 가정 책에 나오는 '발명'에 대한 설명 부분입니다. 특허, 실용신안 같은 단어는 듣기만 해도 어려우시죠. 저도 그랬어요. 학교에서 배우는 발명은 너무 딱딱하고 거리감이 느껴져요. 그래서 어렵고 대단한 거라는 편견이 생긴 것 같아요.

생활밀착형 발명이
모두에게, 세계인에게

그럼 어려운 과학기술을 사용해야 좋은 발명일까요? 저는 아니라고 생각해요. 큰 대회에서 인정을 받은 제 발명품들도 대단하지 않았어요. 소소하지만 일상 속 불편함을 해결해서 좋은 평가를 받았습니다. 저의 첫 발명 역시 아주 사소한 발견이었어요. 초등학교 1학년 때 학원에서 한자를 배우는데 한자 공부가 너무 어려운 거예요. '하늘 천(天), 땅 지(地), 검을 현(玄), 누를 황(黃)……' 스무 번 넘게 써 가며 외우려니 정말 힘들더라고요.

그러던 어느 날, 내 천(川) 옆에 시냇물이 흐르는 그림을 보고 머릿속에 아이디어가 번쩍 떠올랐어요. "그림을 먼저 보고 한자를 보면 더 쉽지 않을까?" 그래서 한자 옆의 그림만 잘라 붙여서 저만의 한자 노트를 완성했어요. 그런데 한자 공부가 절로 되고 효과가 너무 좋은 거예요.

'집중력 한자' 표지와 본문.

그 모습을 본 엄마는 책으로 만들어 보자고 제안하셨고 '집중력 한자'란 이름으로 특허출원도 했어요. 또 동생이 다니는 유치원에서 한자 교재로 채택했는데, 그 이후 더 놀라운 일이 벌어졌습니다. 그 책으로 공부한 7세반 아이들이 국가 공인 한자능력시험에 전원 합격한 거예요. 유치원 벽에 '7세반 전원 합격'이라는 현수막이 떡하니 붙었는데, 정말 뿌듯했어요. 그저 한자 공부를 쉽고 재미있게 하려고 만들었는데 사람들에게도 좋은 영향을 줄 수 있어서 놀랍고 기뻤습니다. 어쩌면 과학을 싫어하면서도 제가 발명을 계속할 수 있었던 이유도 그때의 그 경험 덕분인 것 같아요.

지금부터 소개할 제품들은 모두 제가 만든 발명품들입니다. 정말 많죠. 대부분 일상의 불편들을 해결하기 위해 만든 것입니다.

먼저 화이트보드가 부착된 독서대를 소개하고 싶습니다. 저의 귀차

니즘을 해결하기 위해 만든 거예요. 책상이 좁으면 책 위에 연습장을 올려놓고 풀잖아요. 그런데 연습장을 치웠다 올렸다 하는 게 아주 귀찮더라고요. 그래서 독서대와 연습장을 하나로 합쳐 '화이트보드가 부착된 독서대'를 발명했습니다. 문제를 풀

김유민 학생이 발명한 화이트보드가 부착된 독서대.

때 독서대를 밀고 책을 볼 때 독서대를 당기는데, 책상이 좁아도 불편하지 않고 연습장 살 돈도 아낄 수 있어 좋아요.

이 빗자루도 마찬가지예요. 저는 천식이 심해서 먼지 나는 청소를 정말 싫어하는데, 학교 청소 시간에 어떻게 하면 청소를 빨리 끝낼까 고민하다 양손에 빗자루를 들고 청소했어요. 친구들은 '빗자루 두 개 들고 뭐 하냐'며 웃었지만, 청소도 빨리 끝나고 너무 좋은 거예요. 그래서 손잡이를 양방향으로 연결해서 특허출원을 했는데 등록이 됐습니다.

또 양손형 빗자루를 응용해서 블록식 빗자루를 만들었는데, 빗자루를 여러 개 결합하고 분리해서 넓은 곳은 넓게, 좁은 곳은 좁게 쓸 수 있어요. 블록식 빗자루로 세계 발명대회에도 참가했

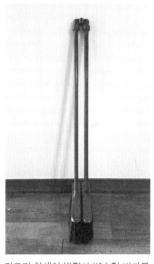

김유민 학생이 발명한 양손형 빗자루.

는데, 사실 처음에는 부끄러워서 꺼내지도 못했어요. 사물인터넷이나 블루투스, 감지 센서 등 최첨단 기술을 이용해 만든 발명품들 사이에서 제 발명품은 너무 소소하고 초라해 보였거든요.

그런데 60대로 보이는 한 남성분이 제 발명품을 칭찬하시며 사진을 찍어도 되냐고 묻더니 제가 대답도 하기 전에 빗자루와 판넬을 모두 찍는 거예요. 솔직히 저는 기분 나빴어요. 사실 제 발명품이 그분의 칭찬만큼 대단하다고 생각지 않아서 놀리시는 것 같았거든요.

그래서 저도 모르게 "빗자루에 아주 관심이 많으신가 봐요?"라고 물었는데, 그분이 "네. 제가 발명을 가르치는데 아이들이 이해하기 쉽고 정말 좋아할 것 같네요"라며 훌륭한 발명품이라고 칭찬하시는 거예요. 누구나 이해하기 쉬운 좋은 발명이라는 말 한마디에 제 마음속 편견도

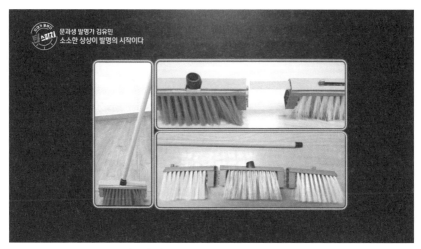

김유민 학생이 발명한 블록식 빗자루. ©EBS

벗겨지고 좋은 발명에 대해 다시 생각하게 됐어요.

또 대만 국제발명대회에 참가했을 때도 베트남과 말레이시아 심사위원님이 '엄지 척!' 해 주셨을 때는 '생활에 도움이 되는 발명이 세계적으로 통하는구나'라고 느끼며 저의 소소한 상상이 좋은 발명이 될 수 있을 거란 확신이 들었어요.

소소한 상상이 좋은 발명으로

발명에 대해 편견을 깰 수 있던 또 다른 계기가 있는데요. 화면에 보이는 두 개의 이미지는 서로 다른 시대의 발명품이에요. 왼쪽은 마지막 빙하기에 등장한 호모사피엔스의 바늘입니다. 바늘귀가 있는 바늘 덕분에 짐승의 털과 가죽으로 옷을 만들 수 있었고 동상이나 저체온증에서 벗어날 수 있었다고 해요.

오른쪽은 바늘구멍사진기인데, 고대 그리스의 아리스토텔레스와 유클리드가 버들가지로 만든 바구니의 작은 홈을 통과한 빛이 바구니 안에 바깥 풍경을 비추는 것을 관찰했다고 합니다. 여러분도 '바늘구멍사진기'를 만들어 보셨죠? 이 간단한 바늘구멍의 원리가 오늘날 카메라 발명의 시작이었답니다.

두 가지의 공통점은 구멍 하나였습니다. 사실 작은 구멍 하나는 별것 아니지만, 이 작은 구멍이 우리 삶에 가져온 변화는 어마어마합니다.

호모사피엔스의 바늘과 바늘구멍사진기. ⒸEBS

이처럼 위대한 발명은 과학자들만 하는 게 아니에요. 저처럼 소소한 상상에서부터 시작되기도 하고 위대한 발명품들을 만든 사람 중에는 의외로 과학자가 아닌 평범한 사람들이 많았어요.

뒤에 지우개가 달린 지우개 연필이 어떻게 탄생했는지 아세요? 하이멘 립멘(Hymen. L Lipmen)이라는 미국의 한 화가가 초상화를 그릴 때 지우개를 자주 잃어버렸다고 해요. 그러던 어느 날 우연히 거울에 비친 모자 쓴 자신의 모습을 보고 연필 끝에 지우개를 얹으면 되겠다고 생각한 거죠. 그리고 연필과 지우개를 얇은 양철 조각으로 고정했는데 특허로 등록이 됐어요.

우리가 자주 사용하는 빨대 역시 미국의 한 담배공장에서 일하던 마빈 스톤(Marvin Stone)이란 사람이 생각해 냈는데요. 위스키를 마시다가

손의 온도로 술이 따뜻해지는 것을 막기 위해 둥글게 만든 종이 빨대로 위스키를 마셨는데, 수요가 많아지면서 빨대가 판매됐다고 합니다.

이 두 가지 발명의 공통점이 뭘까요? 평범한 사람들이 만들었다는 것, 그리고 일상을 잘 관찰하고 그 결과 문제를 해결했다는 것입니다. 어때요? 이렇게 좋은 발명품들이 소소한 상상에서 시작됐다는 사실이 놀랍지 않나요?

지난 포항지진 사태 때 힘들어하는 사람들을 보며 이런 생각을 했어요. '어떻게 하면 신속하게 대피하고 사람을 살릴 수 있을까?' 그 생각 하나로 지진 대피 책상을 발명했어요.

그리고 그 물건을 가지고 마카오 발명대회에 참가했는데요. 한 포르투갈인 발명가가 제 현수막에 이렇게 써 주시더라고요. "Your invention is the best(너의 발명품이 최고야)!"

김유민 학생이 발명한 지진 대피 책상.

제 발명품은 소소해 보였지만, 그를 통해 얻은 경험만큼은 소소하지 않았습니다. 세계인들과 소통하고 인정도 받았으니까요. 그래서 저는 일상을 잘 관찰하고 문제를 해결하는 마음만 있다면 누구나 발명을 할 수 있다고 믿습니다. 과학적 지식이 없어도, 전기 부품을 몰라도, 또 과학성적이 낮아도 누구나 발명을 할 수 있다고 생각합니다. 저도 결코 특별하지 않은 평범한 문과 학생이니까요.

요즘 문과생들의 현실을 두고 하는 말들이 있죠. '인구론(인문계 졸업생 90%는 논다)', '문송합니다(문과라서 죄송합니다)' 등 취업이 힘든 문과생들의 현실을 나타내는 말이 많습니다. 만약 제가 '발명은 과학 천재나 하는 거야', '과학도 못하면서 무슨 발명'이라는 편견에 사로잡혀 이런 호기심과 관심을 포기했다면 저 역시 지금쯤 진로를 고민하며 답답해했을 거예요. 하지만 소소한 상상과 꾸준한 발명으로 저는 너무도 분명한 발명가라는 꿈을 향해 나아가고 있습니다.

누군가는 저의 발명을 시시하고 초라하다고 할 수도 있지만, 그들에게 말하고 싶어요. 작은 구멍 하나로 바늘과 카메라를 만들었듯이 소소한 상상이 우리 삶을 바꾸는 좋은 발명이 될 수 있다고요.

선한 영향력을 끼치는 새로운 상상

저는 요즘 새로운 상상을 키우고 있습니다. 여러분도 TV로 한번쯤 보셨을 거예요. 아프리카에 사는 아이들이 신발이 없어 맨발로 다니다가 모래벼룩 때문에 고통받는 경우가 많다고 해요. TV를 보는 것만으로도 그 고통이 느껴지더라고요. 그래서 '신발자원순환시스템'을 발명했어요. 많은 가정에 버리기엔 아까워서 두지만 신지 않는 신발들이 많잖아요. 특히 성장기 아이들은 봄에 신발 사면 여름까지 신고 가을에는 못

신는 경우가 많은데, 그런 신발을 온라인으로 기부받아서 국제 아동 구호단체를 통해 아프리카 아이들에게 전해 주는 게 바로 신발자원순환 시스템이에요. 신발도 재활용하고 자원도 절약하고 아프리카 아이들의 발도 보호해 주고, 1석 3조 아닌가요? 요즘 같은 시대에 정말 필요하다는 생각이 들었습니다.

요즘 BTS가 대세죠. 노래만큼이나 화제가 되는 것이 그들의 선한 영향력인데, 사회적 메시지를 전하는 음악과 기부 활동이 세계적으로 좋은 영향을 미치고 있어요. 저 역시 그런 꿈을 꿈니다. 소소한 발명으로 세상을 이롭게 하는 좋은 발명가가 될 거예요. 아직 부족한 점이 많지만 저의 발명을 통해 기업인만 잘 사는 세계가 아니라 소비자도, 약자도 모두 행복하게 잘 사는 세상을 만드는 데 작은 힘을 보태고 싶어요.

지금까지 소소한 발명가 김유민이었습니다. 감사합니다.

내일을 향한 한 걸음

올해 8개의 대학에 합격하였으나, 발명과 진로 적성을 고려하여 누구나 가는 길이 아닌 나만의 길을 가기 위해 유학을 준비하고 있습니다. 현재도 특허 출원을 준비하고 있으며, 추가된 발명실적과 활동으로 발명의 날 기념식 수상자에 도전하고 있습니다. 학생 발명가에서 성인 발명가가 된 만큼, 지적재

산권을 사업화하기 위해 다양하게 도전하며, 발명이 대회나 특허 획득에 그치지 않고 사업화·실용화되어 발명의 가치가 진정한 선한 영향력으로 구현될 때까지 멈추지 않고 도전할 것입니다.

참고하면 좋을 사이트

- 한국발명진흥회 kipa.org/kipa
- 한국대학발명협회 invent21.com
- 국제지시재산연수원 iipti.kipo.go.kr
- 국제지식재산교육포털 ipacademy.net
- 발명교육포털사이트 ip-edu.net
- 한국여성발명협회 inventor.or.kr

제주 해녀의 우수함을
과학적으로 고민하다

· 제주 해녀 연구자 이혜연, 김서연, 서영상 ·

17세, 해녀 유전자 연구 진행(2020년).

제66회 제주과학전람회 특상
제66회 전국과학전람회 우수상

#제주의보물해녀
#해녀의유전자는다른걸까?

푸른 제주의 바다. 그리고 그 외에 세계가 주목한 제주의 보물이 있습니다. 바로 산소탱크도 없이 차가운 바닷물에 들어가 물질을 하며 한계에 도전한 해녀들인데요. 그 강인함엔 어떤 비밀이 숨어 있을까요?

안녕하세요. 저희는 제주도에서 태어나고 제주도에서 자란 제주 남녕고등학교 1학년에 재학 중인 이혜연, 김서연, 서영상입니다. 이곳은 제주 해녀의 역사와 삶을 엿볼 수 있는 박물관인데요. 저희가 오늘 여러분에게 전하고자 하는 이야기와 관련이 있습니다.

다음 화면을 봐 주세요. 이게 뭘까요? 물소중이예요. 저희 할머니가 젊은 시절 물질하며 입었던 잠수복이죠. 지금이야 까만 고무 옷을 입지만 예전엔 이런 얇은 천으로 된 반바지 형태의 옷을 지어 입고 겨울철 차가운 바닷물에서 물질을 했다고 합니다. 엄청 추우셨을 것 같은데요. 할머니는 열 살이 되던 해에 바다에서 잠수를 배웠고, 열세 살부터 본격

얇은 천으로 된 반바지 형태의 잠수복 물소중이

해녀의 잠수복, 물소중이. ©EBS

적으로 해산물을 채취하며 생계를 꾸리셨다고 합니다. 제가 감히 상상도 못 할 정도로 어린 나이부터 고된 삶을 사셨죠.

다음 화면 역시 할머니가 쓰시던 물안경과 테왁인데요. 깊은 물에 오랜 시간 조업을 하려면 꼭 필요한 도구죠. 해녀들은 잠수 실력에 따라 상군, 중군, 하군으로 나뉩니다. 할머니는 상군이셨다는데요. 수심이 얕고 잔잔한 바다에선 중군과 하군이 조업을 하고, 험한 바다 조업은 상군이 맡아서 했습니다.

상군 해녀는 보통 수심 10미터의 깊이에서 아무런 기계장치 없이 1분간 숨을 참고 하루 최대 7시간까지 물질을 할 수 있는 뛰어난 잠수 실력을 갖추고 있다고 합니다. 지금은 물질을 그만두셨지만 오랜 세월 상군으로 활동하신 할머니가 참 대단하시단 생각이 들었습니다. 여리

제주 해녀가 실제로 사용했던 물안경. ©EBS

제주 해녀가 실제로 사용했던 테왁. ©EBS

기만 해 보이는 저희 할머니가 어떻게 그런 강인함을 가지시게 된 건지 신기하고 놀랍기만 했습니다.

그래서 궁금해졌습니다. 저희 할머니를 비롯해 고령의 해녀들은 어떻게 지금까지 잠수를 할 수 있는 거지? 타고난 유전자가 있는 걸까? 아니면 노력에 의해 만들어진 것일까? 그래서 친구들과 함께 의미 있는 연구에 한번 도전해 보기로 했습니다. 바로 해녀들의 유전자를 분석하는 것이었습니다.

제주 해녀는 노력으로 남다른 걸까? 유전자가 다른 걸까?

사실 여러분도 아시는 것과 같이 제주 해녀는 지난 2016년 유네스코 인류무형문화유산으로 등재됐습니다. 제주 해녀는 탁월한 물질 능력과 함께 강인함으로 제주 경제를 이끌어 온 주체이기도 한데요. 유네스코는 약 340여 개에 달하는 인류무형문화유산을 보유하고 있지만, 여성이 주체인 사례로는 제주 해녀가 유일합니다. 국내뿐 아니라 세계적으로도 보존 가치가 높은 제주 해녀는 신석기 시대 자맥질로부터 전해져 내려온 오랜 역사를 가진 존재입니다. 잠수 기법이 얼마나 뛰어났는지, 중국과 러시아, 일본 등 해외로 수출되기까지 했죠.

이때 기술을 전수받은 것이 일본 해녀 '아마[*海女*]'입니다. 현재 세계에서 해녀가 있는 곳은 대한민국과 일본 딱 두 곳뿐입니다. 하지만 '아마'와 제주 해녀는 분명 다른 점이 있습니다. '아마'는 나무통에 밧줄을 연결해 작업하거나 '후나도[舟人]'라 해서 부부가 2인 1조가 되어 한 명은 배 위에서 밧줄을 끌어당기고, 다른 한 명은 물질하며 조업합니다. 반면 제주 해녀는 누구의 도움도 받지 않고 자력으로 잠수를 하지요.

또 물질하는 시기도 다른데요. '아마'는 5월부터 9월 사이에 한시적으로 물질을 하지만 제주 해녀는 사시사철 추운 겨울에도 작업한다는 큰 차이가 있습니다. 어려운 작업환경을 딛고 일어선 제주 해녀의 강인한 정신력과 체력은 세계적으로 주목받기에 충분하다고 생각했습니다.

그래서 저희는 제주 해녀들에 대한 연구 논문과 자료집을 검색하기 시작했습니다. 몇 번의 검색이면 금방 나올 것이라고 생각했던 자료들이 생각보다 나오지 않아서 당황스러웠습니다. 그 흔한 사료집 하나 찾기도 힘들었는데요. 꼬박 며칠을 투자해 찾아낸 연구 자료조차 제주 해녀에 대한 연구를 깊이 있게 다룬 것이 없었습니다. 제주도민이라면 누구나 쉽게 접할 수 있는 문화이자 우리나라가 소중히 여기는 문화유산인데 제대로 된 연구 하나 이루어지지 않았다는 점이 놀라웠습니다. 참고할 것이 없다 보니 유전자 연구 설계를 어떻게 해야 할지 막막했는데요. 정말 준비할 게 많더라고요.

먼저 제주 해녀의 잠수 능력이 과연 유전적 요인에 의한 것인지 알아보고자 잠수 능력이 뛰어난 민족을 연구한 해외 사례를 찾아봤습니

다. 그러다 말레이시아, 인도네시아, 필리핀 등의 바실란 인근 해협에 사는 '바자우(Bajau)족'을 발견했습니다. 바다 집시라 불리는 이 종족들은 잠수해 물고기, 산호, 조개를 채취하며 사는데요. 무려 70미터 깊이의 바닷속에 들어갈 정도로 잠수 능력이 탁월한 것으로 알려져 있습니다. 덴마크 코펜하겐 대학교 지구유전학센터 연구진은 이들의 유전자를 연구해 바자우족의 유전자 변이를 발견했습니다. 바로 유전자 PED10A에 일어난 변이였습니다. 바자우족 43명과 이웃 농경 부족인 살루안족 33명의 비장 크기를 측정했는데요. 바자우족의 비장이 평균 1.5배나 컸다고 합니다.

큰 비장이 혈액 내 많은 적혈구를 생산해 내고 체내 산소 저장률을 높여 오랫동안 잠수를 가능하도록 해 준 것이라는데요. 이외에도 뇌, 심장, 폐 등 주요 신체에 산소를 공급하는 데 관여하는 유전자에도 변이가 발견됐다고 합니다. 이런 '바자우족' 연구 결과를 보며 '제주 해녀 유전자에도 어떤 특징이 있지 않을까?'란 생각이 들었습니다.

다음은 유전자 연구를 위해 어떤 방법을 사용할지, 해녀 집단과 일반인 여성 집단을 어떻게 구성해야 할지, 또 어떤 방향으로 결론을 끌어내야 할지 다양한 요소들을 고민해 봐야 했습니다. 학교 수업이 끝나면 매일 세 사람이 모여 회의에 회의를 거듭해 의견을 좁혀 나갔는데요. 그렇게 해서 가장 중요한 연구 주제를 선정했습니다.

크게 두 가지로 선정했는데요. 첫 번째는 제주 해녀의 체질이 선천적인 것인지, 아니면 오랜 기간 반복적인 물질로 인해 후천적으로 얻어진 것인지를 알아보는 것이었고, 두 번째는 동일한 연령대 일반 여성과 비교해 제주 해녀가 특별히 건강한 부분은 무엇이고, 앓고 있는 만성질환 같은 것이 있다면 어떤 것인지 분석하는 것이었습니다.

연구 대상 선정 및 연구

사실 이러한 연구를 위해 우리가 넘어야만 했던 가장 큰 산이 있었습니다. 바로 연구 대상자를 선정하는 일이었습니다. 해녀와 일반인 그룹을 각각 섭외해야 했는데요. 고등학생이 진행하는 작은 프로젝트 연구에 해녀들과 일반인이 과연 협조해 줄지 의문이었죠. 그래서 과거 제주 해녀였던 친할머니께 이런 걱정을 말씀드렸더니 '해녀 문화를 보존할 수 있는 좋은 일'이라며 아시는 해녀분들을 직접 섭외해 주셨습니다. 할머니의 도움이 아니었다면 사실 연구 대상자를 어떻게 선정해야 하나 막막했을 것 같은데요. 섭외된 순간 십 년 묵은 체증이 쑤~욱 하고 내려간 기분이었죠. 할머니가 해녀였다는 게 정말정말 자랑스러웠습니다. 게다가 늘 말로만 듣던 현직 해녀들을 직접 만나는 영광까지 얻어서 저희 모두 설레고 기뻤습니다.

연구를 위해 우선 물질 경력 40년 이상 된 제주 해녀 5명을 모집단으로 선정했고요. 제주시에 거주하는 70대 전업주부 5명을 모집단으로

피실험자로 선정된 물질 경력 40년 이상의 제주 해녀.

선정해 비교 연구를 진행하도록 했습니다. 조사는 설문조사와 DNA유전자검사를 병행하는 방식으로 진행했는데요. 먼저 설문조사는 선정된 제주 해녀와 일반 여성을 대상으로 일대일 면접 방식으로 시행했습니다. 두 그룹의 차이를 보기 위해 설문 내용은 저희가 직접 설계했는데요. 제주 해녀의 신체 특성이나 현재 앓고 있는 만성질환, 그리고 식생활과 수면 시간, 생활 패턴 등을 물었습니다. 제주 해녀의 경우엔 해녀 경력과 잠수 능력을, 일반 여성의 경우엔 수영 관련 능력도 조사해 비교했습니다.

설문조사를 하며 만난 해녀들은 모두 자신의 일에 큰 자부심을 느끼고 계셨는데요. "남의 눈치 보지 않고 자기 능력만큼 벌 수 있는 것이 물질"이라며 나이 들어서까지 일을 할 수 있다는 것에 보람을 갖고 계셨습니다. 하지만 '저승에서 벌어 이승에서 쓴다'는 제주 해녀들의 속담이 있듯 자식들의 학비와 가족들의 생계를 위해 위험을 무릅쓰고 매일 차가운 바다에 들어가야만 했던 고단한 삶의 이야기를 들을 땐 할머니 생각이 나서 마음이 아팠습니다.

처음엔 그저 '제주도의 대표적인 문화유산이니 지켜야지'란 막연한 생각만 갖고 있었는데요. 해녀분들을 직접 만나 뵈면서, 이런 소중한 가치를 정말 잃고 싶지 않다는 마음이 더 커지게 되었습니다.

본격적인 유전자검사와 연구

이렇게 설문조사를 마치고, 다음으로 본격적인 유전자검사에 들어갔습니다. 전용 키트를 사용해 연구 대상자 10명의 구강상피세포를 채취해 진행했는데요. 영양소 관리, 건강 관리, 운동 특성, 식습관과 수면의 특성, 피부·모발 관리 등 총 6개 주제에 약 55개 항목의 유전체를 분석했습니다.

이 결과를 비교 분석해 제주 해녀와 일반 여성 간에 선천적으로 유전자 분포의 차이가 있는지 알아봤는데요. 저희도 예상하지 못했던 흥미로운 결과를 얻어냈습니다. 어떤 결과였을까요?

우선 설문조사를 통해 얻어낸 결과를 보면, 만성질환 부분에서 큰 차이를 보였습니다. 제주 해녀의 경우 80%가 고혈압 증세를 보였지만 고지혈증이 나타나지는 않았는데요. 이것은 해녀들이 낮은 온도에서 잠수 활동을 하기 때문에 체내 지방 축적이 덜 되어 고지혈증의 발병 확률이 일반 여성에 비해 낮았기 때문이고요. 이에 반해 물질할 때 에너지를 빨리 전달하다 보니 심혈관은 발달했지만 나이가 들어가면서 고혈압 발병 확률이 높아진 것으로 판단되었습니다.

질환에서 이런 차이를 보였다면 유전자검사 결과는 어떨까요? 네. 유전자검사 역시 흥미로운 결과를 얻어냈습니다. 먼저 마그네슘과 칼슘 농도와 관련된 유전자검사 결과인데요. 제주 해녀들은 일반 여성과 비교해 마그네슘과 칼슘의 농도가 높아 뼈와 치아 형성, 정상 신경과 근육 기능이 유전적으로 우수한 것으로 나타났습니다.

다음은 체내 산소 운반 능력과 연관된 철분 농도를 체크하는 유전자의 빈도를 알아봤는데요. 제주 해녀의 경우 TT형이 60%지만, 일반 여성의 경우 TG형이 100%를 차지함을 확인할 수 있었습니다. 제주 해녀는 혈액 속의 철분 농도가 높아 헤모글로빈으로 인한 체내 산소 운반 능력이 우수함을 알 수 있었습니다. 그런데 유전자검사에서 나타난 다음 결과는 특히 매우 흥미로웠습니다. 바로 유산소 운동과 지구력 운동 부분을 알아보는 유전자검사였는데요.

우리가 일반적으로 '제주 해녀' 하면 선천적

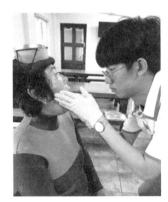

제주 해녀의 구강상피세포를
채취하는 모습.

제주 해녀의 TRPM6 유전형 빈도 비율   일반 여성의 TRPM6 유전형 빈도 비율

제주 해녀와 일반 여성의 TRPM6 유전형 빈도 비율 비교.

제주 해녀의 DGKD 유전형 빈도 비율   일반 여성의 DGKD 유전형 빈도 비율

제주 해녀와 일반 여성의 DGKD 유전형 빈도 비율 비교.

세주 해녀의 TF 유전형 빈도 비율   일반 여성의 TF 유전형 빈도 비율

제주 해녀와 일반 여성의 TF 유전형 빈도 비율 비교.

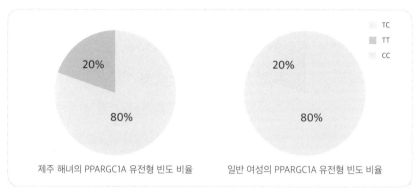

제주 해녀의 PPARGC1A 유전형 빈도 비율　　　일반 여성의 PPARGC1A 유전형 빈도 비율

제주 해녀와 일반 여성의 PPARGC1A 유전형 빈도 비율 비교.

으로 유산소 운동이나 지구력 운동에 뛰어난 유전자가 있을 거로 생각하잖아요? 그런데 이번 실험에 참여한 제주 해녀 분들의 유전자검사 결과는 예상을 뒤엎었습니다.

　제주 해녀의 경우, TC형이 80%인 반면, 일반 여성의 경우 CC형이 80%를 차지했는데요. T농도가 높은 실험 참가 제주 해녀의 경우, 근육 에너지 소비 효율이 낮아져 유전적으로 심폐 지구력 운동에 부적절하다는 결과가 나타난 것이었습니다. 그러니까 오랜 세월 물질을 반복하는 후천적인 노력으로 지구력 부분을 보완하며 생활한 것으로 판단되었는데요. 이번 연구를 하면서 신체적 한계를 극복한 제주 해녀들의 강인함에 정말 놀라고 감동했습니다. 물질에 적합한 몸으로 변화되기 위해 부단한 노력을 한 해녀들의 정신과 문화를 우리가 소중히 여기고 지켜야겠다는 생각을 다시 하게 됐습니다.

사실 이번 연구엔 한계점도 분명히 나타났는데요. 동일한 지역에 거주하는 해녀분들과 일반인분들로 연구를 진행하려 했지만 그러지 못했던 점, 그리고 적은 수의 연구 대상을 토대로 한 연구 결과이기 때문에 신뢰도가 떨어진다는 점이었습니다. 또 저희가 유전자 연구에 도전은 했지만, 고등학생인 저희가 전문적인 연구를 하기엔 한계가 있었는데요. 그래서 여기서 멈추지 않고 앞으로 부족한 부분을 보완해 좀 더 의미 있는 제주 해녀 유전자 연구를 해 보고 싶다는 욕심이 생겼습니다.

그래서 제주 해녀, 제주 해녀와 같은 지역에 거주하는 일반 여성, 제주시 지역 일반 여성, 그리고 서울경기 지역의 일반 여성, 이렇게 4그룹으로 연구 대상을 확장하고, 혈액 샘플도 채취해 메딜화 검사로 좀 더 치밀하게 유전자 분석을 해 보려 계획하고 있습니다. 그래서 후성유전학* 분야를 깊이 있게 다뤄 보고 싶습니다.

매년 해녀들의 숫자가 줄어들고 있다고 하는데요. 인류무형문화유산이란 전 세계적으로 탁월한 가치를 지닌, 인류 모두가 공동으로 보존해야 할 유산이잖아요. 그만큼 제주 해녀는 우리가 반드시! 보호해야 할 중요한 문화입니다. 제주가 육지에서 멀리 떨어져 있는 지역이라 제주 해녀의 중요성을 사람들이 잘 모르는 것 같은데요. 저희의 이런 유전자 연구가 세계 인류 무형문화유산인 제주 해녀의 가치를 알리고 보존

---

* 후성유전학: DNA 염기서열 자체의 변화가 아닌 DNA에 일어나는 부분적인 변화 또는 DNA 주변 부위의 단백질 변화 등을 연구하는 학문.

하는 데 작은 힘이 됐으면 하는 바람입니다.

　매 순간 한계를 뛰어넘는 도전으로 거친 바다와 싸우는 제주 해녀분들! 이제 남아 있는 제주 해녀 수는 3,820여 명입니다. 제주 해녀의 위상과 자긍심은 누가 지켜 주는 것이 아닌 바로 우리가 지켜야 할 유산이 아닐까요? 앞으로 더 열심히 유전자 연구를 해서 제주 해녀들의 아름다운 가치를 빛내는 미래 의학자들이 되겠습니다.

내일을 향한 한 걸음

지난번에는 구강상피세포 채취를 이용한 유전자검사를 통해 표현형과 유전형을 비교분석해 보았다면, 다음에는 혈액검사를 통해 두 집단의 후성유전학적인 변화를 관찰할 계획입니다. 이와 같은 과정을 진행하기 위하여 기업의 멘토링, 관련 연수 등을 이수하여 배경지식을 넓히고 팀원들과 다양한 토의를 해 나가며 해녀의 후성유전학적인 변화를 일반인과 비교·분석해 보려고 합니다. 혈액검사를 분석하여 얻은 결과를 인문학적인 분석과도 연관시킬 방향을 찾아보고 있습니다.

참고하면 좋을 사이트

• 제주학연구센터 jst.re.kr

• 제주해녀박물관 jeju.go.kr/haenyeo/index.htm

• 학술연구정보서비스 riss.kr/index.do

• 한국학술정보KISS kiss.kstudy.com

두려움에 맞서
앱을 만들었습니다

· 중3 코로나 앱 개발자 최형빈 ·

16세, 친구 이찬형 학생과 함께
'코로나나우' 어플을 개발(2020년).

포스텍영재기업인교육원 PCEO 11기

대구대학교 정보보호영재원 전문B(사고대응과정) 재학 중

대구소방안전본부 119 명예소방단원

대구 교육청 모범 청소년 '코로나앱 개발부문' 수상

대한적십자사 포장증 은장 수상

NIA ICT 코로나-19 대응모음집 집필

제8회 범정부 공공데이터 창업경진대회 왕중왕전 장려상 수상

2020년 EBS 넥스트 히어로 선정

#앱개발 #두려움극복
#간절하게하고싶은일발견

안녕하세요. 대구 고산중학교 3학년에 재학 중인 최형빈입니다. 중학생들이 앱을 개발했다고 해서 놀라셨나요?

저희가 만든 앱은 질병관리본부와 같은 공신력 있는 기관들의 자료를 토대로 코로나19와 관련된 실시간 뉴스, 국내 확진자 수 등을 알려주는 앱입니다. 2019년 2월 홈페이지와 함께 출시했는데, 꾸준히 사용자가 늘어서 이제 수익이 생길 정도로 성장했습니다. 그 과정에서 얻은 것이 참 많은데요. 그중 가장 값진 것은 제가 정말 하고 싶은 일이 무엇인지 알게 되었다는 겁니다. 오늘 그 이야기를 여러분께 전하려 합니다.

제가 앱을 만들었다고 하면 사람들이 '온종일 컴퓨터 앞에 앉아서 개발만 하나?', '코딩 천재인가 봐'라고 오해를 많이 합니다. 그런데 솔직히 저는 어렵고 복잡한 코딩, 잘 모르고요. 그저 게임을 좋아하는 평범한 중학생입니다. 그런데 어떻게 앱을 개발할 수 있었냐고요?

최형빈 학생이 개발한 '코로나나우' 홈페이지.

바로 두려움 때문이었습니다. 코로나19에 대한 엄청난 누려움이요. 그 두려움의 시작은 '가짜 뉴스'였는데요. 코로나19가 처음 중국에서 퍼지기 시작했을 때를 기억하시나요? 아직 국내에는 코로나19가 퍼지지 않았을 때라 질병관리본부에 코로나 사이트도 없었고 정보가 정말 부족했어요. 그렇다 보니 확진자가 한 명만 나와도 불안감이 극에 달했죠.

하루는 학원에 갔는데 친구들이 이상한 말을 하는 거예요. 중국 정부에서 무차별로 폭격을 가해 코로나19 감염자들을 다 죽였다는 겁니다. 누구는 가짜 치료제를 사용해서 코로나19 감염자 18만 명을 죽였다는 말도 하고요. 당시 10대들 사이에서 이런 가짜 정보들이 정말 많이 돌았습니다. 출처를 알 수 없는 이런 소식들이 인터넷을 통해 순식간에 퍼지고, 또 그걸 사실처럼 믿어 버리는 친구들을 보면서 혼란스러웠습니다.

실제로 통계를 보니까 가짜 뉴스 관련 키워드가 6만 5,000여 건에 달했고, 이와 관련된 스팸 메시지도 1만 건에 이른 것을 알게 되었습니다. 문제는 가짜 뉴스로 인한 공포가 인터넷상에서 끝나는 게 아니라 인종 차별 행위로까지 이어진다는 건데요. 한 음식점에서는 출입문에 '중국인 출입금지' 안내문을 써 붙이기도 하고, 청와대 국민청원게시판에 '중국인 입국 금지 요청' 청원이 올라오기도 했습니다.

가짜 뉴스로 인한 혼란과 두려움이 결국은 더 큰 재난으로 이어질 수도 있겠다는 생각이 들어서, 코로나19에 대한 정확한 데이터와 정보를 파악하는 게 시급하다고 생각했어요. 그래야 10대들도 코로나19에 제대로 대처하고 스스로를 지킬 수 있을 테니까요. 평소 재난 상황에 대한 관심도 많던 편이라 우리가 할 수 있는 게 뭐가 있을까 혼자 구상 중이었는데, 마침 제 친구 찬형이도 비슷한 고민을 하더라고요. 찬형이는 저한테 앱을 만들어 보자고 제안했어요. 그리고 우리는 공신력 있는 기관의 정확한 데이터와 정보를 한곳에 모아 사람들이 쉽게 접근할 수 있는 앱을 통해 전달하자고 의견을 모았습니다. 그런데 문제는 저희가 앱 개발 경험이 없다는 거였습니다. 정말 막막했죠.

그럼에도 일단 '함께하기에' 할 수 있다고 생각했습니다. 저 혼자였다면 아마 포기했을지도 몰라요. 하지만 찬형이와 함께하니까, '둘이 힘 합치면 못할 게 뭐가 있어. 부딪혀 보자.' 그렇게 생각했던 것 같아요. 저희는 가장 먼저 역할을 분담했습니다. 저는 웹사이트 콘텐츠 개발을 맡았어요. 코딩 기술은 부족해도 앱에 관심도 있고 제가 찬형이보다 컴퓨터를 더 잘 다뤘거든요. 또 딱 한 번이지만 2019년에 과제물 사이트를 만들었던 경험도 있고요. 하지만 역시 쉽지는 않았습니다. 코드 하나 짤 때도 번역기를 돌려 가며 해외 포털에서 자료를 찾고, 코딩 책에 나와 있는 예제나 샘플을 이용해서 하려니 생각보다 시간이 꽤 걸리더라고요.

데이터 수집과 자료 업데이트도 만만치 않았는데요. 포털 뉴스뿐만

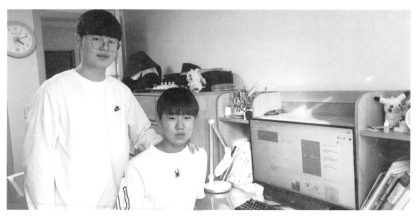

코로나나우 개발자 최형빈 학생과 이찬형 학생.

아니라 질병관리본부 보도자료, 그리고 텐센트나 블룸버그, 존스홉킨스대학 등의 해외 사이트까지, 신뢰할 수 있는 기관에서 발표한 검증된 자료들을 모았는데요. 정보를 실시간으로 받을 실력이 안 돼 모두 수동으로 하다 보니 더 힘들었죠. 그런데 굳이 번거롭게 수작업으로 한 데에는 이유가 있었어요. 데이터가 더 빨리 업데이트되는 장점이 있었거든요.

예를 들면 질병관리본부 같은 경우, 10시 5분에서 10분이 되면 보도자료를 발표하지만, 방송을 통해 질병관리본부의 자료를 보려면 10시 20분은 되어야 합니다. 기자한테 보도자료가 넘어가는 과정에서 시간이 걸리기 때문인데요. 저희는 그 시간 차이를 노렸어요. 질병관리본부의 오전 브리핑이 나오면 곧바로 집계해서 방송이 나가기 10분 전 사용자들에게 먼저 알림을 보내는 거죠. 그렇게 되면 결과적으로 저희 정보가 더 빨리 나가니까요. 그때가 방학 때였는데 정보를 빨리 올리기 위해서 학원에 가는 시간 외에는 각종 정보 모니터링만 했던 것 같아요.

그렇게 찬형이와 밤을 새워 가며 노력한 끝에 거의 일주일 만에 앱을 완성할 수 있었습니다. 하루 만에도 뚝딱 만드는 개발자들에겐 별것 아닐 수 있겠지만, 저희에겐 정말 기적 같은 순간이었어요. 저희 힘으로 앱을 만들었다는 것이 뿌듯하기도 했고, 무엇보다 코로나19에 대해 정확하게 파악할 수 있다는 사실에 안심이 되더라고요.

저희가 앱을 만든 시점이 1월 말쯤이었는데요. 당시에는 확진자 동선을 알려 주는 앱은 있었지만, 저희가 만든 앱처럼 확진자 수와 지역 내 발생자 등을 종합해서 알려 주는 앱은 없었어요. 코로나 현황을 알려 주는 앱은 저희가 만든 앱이 최초였죠. 그러다 2월 중순쯤 지역 커뮤니티를 통해서 입소문을 타기 시작했습니다. 대구 지역에서 코로나19 상황판을 볼 수 있는 앱이 있다고 알려지면서 한 기자분에게서 연락이 왔습니다. 그래서 인터뷰를 했는데 그게 또 SNS에 올라간 거예요. 곧바로 저희 앱 이름이 포털 실시간 검색어 1위에 올랐는데, 이용자가 폭주해서 서버 마비 사태가 벌어지기도 했어요.

근데 알고 보니 그날이 대구에서 확진자가 가장 많이 나왔던 날이더라고요. 그 이후로 인지도가 생기면서 사용자가 기하급수적으로 늘어났습니다. 처음에는 3~4명이 들어오다가 20명이 되고, 그러다 1,500~2,000명이 들어오기도 하고요. 한창 관심받을 때는 동시접속자가 4만 명인 적도 있었습니다. 이 정도면 대한민국 웬만한 인터넷 순위 안에 들어요. 포털 제외하고 이런 곳 드물거든요. 이 정도 되니까 처음에는 중학생이 한다고 못 미더워 하시던 분들도 이제 저희 앱 정보에 대해서는 무한 신뢰하세요.

댓글에도 '현황을 빨리빨리 올려 줘서 브리핑이나 뉴스를 못 봐도 밖에서도 코로나 소식을 파악할 수 있어 좋다'고 말씀해 주시는 분들이 많고, 해외에 계시는 한국 분들이 '대단하다, 잘하고 있다'는 응원의 메시지를 보내 주시기도 해요. 또 '네가 이런 걸 만들었다고? 말도 안 돼'라며 믿지 않으시던 부모님도 우리 아들이 만들었다고 친구들에게 자랑하시면서 뿌듯해하시고요.

모두에게 도움이 되도록, 공익을 위해 한 발 더

코딩도 잘 모르던 저희가 만든 앱이 이렇게 성장할 수 있었던 이유는 바로 공익성을 추구했기 때문입니다. 사용자가 늘어나면서 수익이 생기기 시작했습니다. 초반 15일 동안의 이용자가 100만 명 정도 됐는데, 뜻하지 않게 배너 광고로 150만 원 정도의 이익을 얻게 됐어요. 이걸 어떻게 사용해야 할까 고민해 봤는데 용돈으로 쓰는 건 아닌 것 같은 거예요. 애초에 사람들에게 정확한 정보를 알려 주자는 게 목적이었지 돈을 벌려는 욕심에서 시작한 건 아니었으니까요. 그래서 논의 끝에 저희는 한 가지 결심을 했는데요. 앱과 웹사이트로 인해 생긴 수익은 오로지 코로나 퇴치와 예방을 위해 전부 사용하자는 거였어요. 그래서 앱에서 생긴 수익은 모두 공익을 위해 사용했습니다.

코로나나우 수익 전액으로
대구 의료진에게 기부한 간식.

시민들이 대구 의료원에 남긴
감사 편지들.

그때가 대구에서 코로나19 집단감염이 발생했을 때라 모두가 정말 힘들었거든요. 지역 분들에게 작은 힘이라도 보태고 싶어서 당시 수익 전액으로 간식을 사서 지역 거점 병원 세 곳에 나눠 드렸습니다. 그때 SNS를 통해 저희에게 온 응원의 메시지도 모아서 함께 전달했습니다. 그중에 유명인들의 편지도 있었는데 기억에 남는 사람이 가수 빈지노 씨예요. 저희가 SNS 아이디를 공개하자마자 첫 번째로 팔로우하시고 편지도 가장 먼저 보내 주셨는데, 정성이 담긴 글을 보니 울컥하기도 하고 뿌듯하더라고요. 의료진에게 힘이 되고 싶어 한 일인데 오히려 제가 선물을 받은 느낌이었어요. 그 이후 생기는 모든 수익 역시 다양한 곳에 모두 기부했고, 현재는 아무런 수익 없이 계속 운영하고 있습니다.

작지만 사회에 도움이 되는 일을 하니까, 뜻을 같이하는 분들도 생겼는데요. 한 TV 프로그램에서 코로나19 영웅으로 선정돼 기부금을 받기도 했고, 또 같이 기부하고 싶다고 연락이 오는 분들도 많이 계십니다. 한번은 제가 저희 사이트에서 쓰고 있는 호스팅 업체나 스타트업 회사에 '이용자들이 많아서 트래픽 비용을 어떻게 지불하면 되냐'는 문의를 한 적이 있는데 그쪽에서 '공익적인 일을 하니까 지원해 주겠다'고 하셔서 지금 거의 무상으로 비용 지원을 받고 있습니다. 그래서 운영하는 데 큰돈이 들지 않아요. 앱과 웹사이트에서 생긴 수익을 모두 기부에 사용하자는 저희의 결심을 실천할 수 있었던 건 모두 뜻을 함께해주시는 분들 덕분입니다.

10대인 우리가 얻은 가장 큰 수익은 경험!

앱 개발을 통해 제가 얻은 가장 큰 수익이 무엇이었을까요? 바로 경험이었습니다. 사실 이런 일들이 저 같은 중학생이 쉽게 경험할 수 있는 것은 아니잖아요. 저는 지금의 이 경험들이 분명 제 삶에 큰 자산이 될 거라 믿습니다. 열심히 밤새 앱을 만들고 운영하면서 제가 얻은 가장 큰 수익은 제 나이에 쉽게 해 볼 수 없었던 경험이 아닐까 생각합니다.

코로나19로 인한 사람들의 불안과 두려움을 극복하기 위해 앱 개발을 시작했습니다. 그게 저희 같은 10대 학생들이 할 수 있는 최선이었으니까요. 물론 그 과정에서 어려움도 겪었지만 결국 저희의 노력은 좋은 결과를 얻었고, 그 수익금을 좋은 일에 사용하다 보니 예상치 못하게 값진 경험도 쌓아 나가고 있어요. 선행이 선행으로 이어지는 선순환을 지켜보며 좋은 일의 영향력과 그 힘을 느낍니다. 저희가 만든 앱이 그랬듯, 사람들에게 도움이 되고 더 나아가 사회에 조금이라도 보탬이 될 수 있는 새로운 것들을 앞으로도 꾸준히 개발해 보고 싶습니다.

새로운 직업을 만들자! '플랫폼 프로듀서'

하지만 저를 '앱 개발자'라는 말로 한정하고 싶지는 않습니다. 앱 외에도 사람들이 사용하는 플랫폼은 다양하니까요. 어떤 정보와 서비스를 전달하느냐에 따라 앱을 개발할 수도, 웹사이트를 만들 수도, 또 기존에 없던 소셜 미디어가 될 수도 있겠죠. 그래서 이런 제 꿈에 스스로 이름을 붙여 봤는데요.

바로 '플랫폼 프로듀서'입니다. 앱이나 웹사이트, 소셜 미디어 같은 서비스를 제공하는 매체를 통칭하는 말 '플랫폼'과 제작자를 나타내는 '프로듀서'를 합쳐 만든 말인데요. 쉽게 말하면 다양한 매체를 만드는 사람입니다. 앱 개발자도 포함되겠죠. 어때요? 괜찮지 않나요?

요즘은 음원 수익 구조 문제를 해결할 새로운 방법을 고민 중인데요. 인지도가 없는 가수들도 음악만 있으면 수익을 낼 수 있는 획기적인 수익 구조가 담긴 음원 검색 서비스를 개발하고 싶어, 음악 하는 친구와 논의하며 열심히 공부 중입니다. 이게 만들어진다면 음원 수익의 불균형 문제도 해결되지 않을까 싶은데요. 언젠가는 세상에 선보일 수 있는 날이 오기를 기대해 봅니다.

지금까지 중학생 앱 개발자 최형빈이었습니다. 감사합니다.

───── (**내일을 향한 한 걸음**) ─────

좋은 기회로 정부에서 주최하는 창업경진대회에서 왕중왕전까지 진출하였고, IT 기업 한 곳과 대규모 비영리 프로젝트를 진행하려고 합니다.

───── (**참고하면 좋을 사이트**) ─────

• 코로나나우 coronanow.kr

2장

지구와 사회의
변화를 꿈꾸는
10대

변화를 믿는 순간
세상은 바뀝니다

· 청소년 기후 행동가 김도현 ·

17세, '기후를 위한 결석 시위'에 참여(2019년).
18세, 정부와 국회를 대상으로 헌법소원 청구(2020년).

'청소년기후행동' 활동가. 멋모르고 기후 운동에 뛰어든 지 3년째.
시위·기자회견·소송·강연까지 방법 가리지 않고 기후위기 대응을 촉구해 왔다.
그 과정에서 새로운 사회를 상상하는 힘, 지치지 않고 싸우는 마음가짐을 배웠다.

#17세 #청소년 #기후변화 #행동

'바뀐다고 믿어야 바뀐다!' 너무 당연하고 뻔한 소리처럼 들리시죠? 하지만 오늘 제 이야기를 들으시면 이렇게 믿는 게 얼마나 큰 힘을 발휘할 수 있는지 확인하실 수 있을 겁니다.

저는 올해 고등학교 2학년인 김도현입니다. 최근 1년 반 동안 옛날의 저라면 상상도 하지 못한 일들이 제게 일어났습니다. 무작정 피켓을 들고 거리로 나가서 드러눕기도 했고요. 학교를 빠지고 시위를 여는가 하면 정부를 대상으로 헌법소원을 청구하기도 했습니다. 제가 어떻게 이런 일들을 벌이게 됐는지 궁금하신 분들께 오늘 제 이야기를 들려드리려고 합니다. 함께 귀 기울여 주시겠어요?

저는 '청소년기후행동'이란 단체에서 활동하고 있습니다. 이 이름을 뜯어 보면 #청소년 #기후 #행동, 세 가지 키워드로 이루어져 있는데요. 요즘의 제 일상을 이 단어들로 설명할 수 있을 것 같아요. 우선 '기후'인데요. 여기서 '기후변화'가 무엇을 뜻하는지 모르시는 분은 정말 단 한 사람도 없을 거예요.

하지만 기후변화가 인생 최대 고민인 사람은 거의 없죠. 저도 똑같 았어요. '북극곰이 살아가는 빙하가 녹고 있다.', '생물 종이 멸종하고 있 다'는 사실은 알고 있었지만 특별한 두려움으로 다가오지는 않았어요. 늘 들어 왔던 사실이었고, 곧 해결될 거라고 막연히 생각했거든요.

내 인생 최대 고민 = 기후위기

그러다가 2018년에 어마어마한 폭염이 닥쳤습니다. 혹시 기억하시나 요? 우리나라에서 기상관측을 시작하고 111년 만에 가장 더운 여름이 었다고 하는데, 뉴스에도 계속 나왔죠. 저도 밤에 너무 더워서 잠을 자 기 힘들고, 에어컨이 나오는 카페나 도서관, 학원만 갔던 기억이 나요. 그러다가 대체 기후변화가 얼마나 심각한 건지 궁금해서 인터넷 검색 을 했는데, 충격적인 사실을 만나게 되었습니다.

인류가 감당할 수 없는 기후 재난이 닥치기까지 10년도 채 남지 않 았다는 전 세계 과학자들의 연구가 나왔다는 자료였습니다. 학교에서 배웠던 것들과는 완전히 차원이 다른 자료들을 읽으면서 정말 시간이 얼마 남지 않았구나 하는 위기감이 처음으로 들었어요. 무엇보다 기후 변화는 단순히 내가 물 아끼고 전기 절약한다고 해결되는 문제가 아니 라는 것, 전기를 생산하는 구조를 포함한 사회 전체를 완전히 바꿔야 한다는 걸 그제야 깨달았어요. 그런 문제의식에서 저는 '청소년기후행동'에 합류해서 활동하게 됐습니다.

처음에는 그저 기후변화가 아주 심각한 현실이라는 점이 충격으로 다가왔습니다. 하지만 알아 가면 알아 갈수록 그 충격은 슬픔으로 변했어요. 이 기후변화 때문에 아파하고 있는 사람들이 너무 많았거든요. 올여름에는 전 세계적으로 기후변화의 영향으로 인해 지금껏 겪어 보지 못했던 일들이 일어났어요.

미국 캘리포니아에서 대형 산불이 나면서 서울 면적의 스무 배가 넘는 땅이 타 버렸고요. 우리나라에는 기록적인 장마가 왔었죠? 이 호우 피해 때문에 전국적으로 너무나 많은 사람이 말 그대로 삶의 터전을 잃었는데요. 집이 산산조각이 나서 쓸려 가고, 도로가 깨지고, 밭이 물에 잠기는 모습을 영상으로 보면서 정말 충격을 받았어요. 수십 년을 살아온 마을이 무너지는 모습을 직접 목격하고, 가까운 이웃을 눈앞에서 잃은 분들의 절망감을 제가 온전히 이해할 수는 없을 거요. 하지만 평범한 일상을 다시 회복하는 데 시간이 오래 걸릴 거라는 생각을 하니 저 역시도 마음이 아팠습니다.

올해 초에는 제주도에 가서 해녀분을 만날 기회가 있었는데요. 바다가 새하얗게 죽어 가고 있다는 이야기를 들었어요. 그분이 물질을 처음 시작했을 때는 바다에 해초가 빽빽했지만, 기후변화가 진행되면서 해수온이 올라가는 바람에 석회 가루가 바다를 새하얗게 뒤덮고 있다는 말이었어요. 이것 때문에 해조류도 줄어들고 당연히 그걸 먹고 사는 물고기나 조개도 확연히 줄어들고 있는 상황이고요. 제주 바다는 점점 해녀들의 기억과는 다른 곳으로 변하고 있고, 그분들에게 기후변화는 직접적인 생계의 피해로까지 연결되는 '현실'이었어요.

이렇게 내가 속한 사회에서 기후변화를 이미 온몸으로 겪어 내는 사람들이 있는데, 더는 이걸 멀리 떨어져 있는 문제로 바라볼 수가 없다는 생각이 들었습니다. 저는 운이 좋아서 지금 당장 다치거나 죽는 것은 아니지만, 그런 아픔을 겪는 사람들이 존재한다면 과연 좋은 공동체, 좋은 사회라고 할 수 있을까요? 그러니까 제가 기후 운동을 하는 이유는 저의 미래를 지키기 위해서이기도 하지만, 모두의 안전하고 존엄한 삶을 위해서이기도 합니다.

기후위기의 당사자는
10대입니다

저의 다음 키워드는 '10대'인데요. '청소년기후행동'은 기후변화에 문제의식을 느낀 한국 청소년들이 자발적으로 모여 만든 조직입니다. 한국뿐 아니라 전 세계적으로도 청소년들이 기후 운동을 주도하고 있는 경우를 많이 볼 수 있는데요. 그건 우리가 기후변화에 가장 오랜 시간 동안 피해를 볼 세대이기 때문입니다.

예를 하나 들어 볼게요. 기후변화가 지금 이대로 진행된다면 당장 2050년에 해수면 상승으로 국내에서 매년 130만 명이 침수 피해를 보게 된다는 연구 결과가 있습니다. 그런데 2050년이면 저는 겨우 40대입니다. 그 이후에는 물론 해수면 상승을 비롯한 폭염, 폭우, 산불 같은 기후 재난이 더 강하게, 더 자주 발생하는 걸 지켜보면서 살게 되겠죠.

그런데 지금 기후위기와 관련된 정책을 결정하는 사람들은 대부분 50대, 60대예요. 그들은 2050년에 80대, 90대입니다. 2050년이라는 미래를 상상할 때 우리가 느끼는 위기감과는 당연히 그 무게가 다를 수밖에 없죠. 그런데도 미래를 좌지우지하는 문제에 10대의 목소리는 완전히 배제되어 있었어요. 저를 비롯한 '청소년기후행동' 멤버들은 이게 정말 큰 문제라고 생각했어요. 지금부터라도 정치인들에게 미래의 생존 문제를 맡겨 놓고 안심하는 게 아니라, 10대들이 당사자로서 목소리를 내야겠다는 생각을 한 거죠. 그래서 이것저것 여러 가지를 시도하기 시작했습니다.

기후를 구하러, 학교 밖으로!

자, 여기서 세 번째 키워드, '행동'으로 넘어가 볼게요. '청소년기후행동'에서 우리는 정말 쉴 없이 활동을 이어 왔는데요.

작년 8월에는 '기후변화출몰행동 뿅!'이라는 이름으로 게릴라 캠페

'기후변화출몰행동 뿅!' 활동 모습.

인을 진행했어요. 이름이 재밌죠? 매주 주말 서울 도심 어딘가에 뿅! 하고 출몰해서 피켓을 드는 활동이었는데요. 꼬박 5주 동안 연남동, 광화문, 여의도, 홍대, 북촌을 정말 종횡무진 오갔죠. 돌아가면서 즉석 발언을 하고, 노래를 부르고, 춤도 추고, 바닥에 드러누워서 기후변화 때문에 죽어 가는 인류를 표현하기도 했어요. 솔직히 지나가는 사람 중에는 이상하게 쳐다보거나 관심도 주지 않는 경우가 대부분이었지만, 피켓을 들고 캠페인을 하면서 되게 충만하다고 느꼈던 순간이 많았어요. 혼자 고민하던 문제를 소리 내어 말하고, 기후변화를 알리는 일을 꾸준히 이어 가면서 더 큰 규모로 행동할 힘이 우리 안에 쌓였거든요.

그러고 나서 이제 뭘 해야 할까, 고민하다가 작년 9월 27일에 '기후를 위한 결석 시위'를 열기로 했어요. 2018년에 그레타 툰베리가 스웨

기후를 위한 결석 시위 현장.

덴 국회 앞에서 1인 시위를 벌인 후에 이 행동은 전 세계 청소년들이 동참하는 '글로벌 결석 시위 운동'으로 이어졌는데요. 저희도 이 운동에 동참하기로 한 거예요. 사실 3월과 5월에도 시위를 연 적이 있지만, 그때는 더 많은 청소년의 참여를 끌어내기 위해 시작 시각을 오후로 정했었어요. 그런데 이번엔 더 과감한 행동이 필요한 시점이라고 느꼈기 때문에 시위 시작 시각을 오전 10시로 정하고 학교를 결석하자고 결심했어요. 학교를 결석할 만큼 기후변화가 시급하고 절박한 문제라는 걸 알리기 위한 전략이었죠. 우리 가족들도 이 뜻에 적극적으로 공감하고 응원해 줬기 때문에 도움이 많이 됐고요.

당일 결석 시위의 전체적인 콘셉트는 가을 운동회였어요. 참여자들과 함께 석탄공 발로 차기, 무책임 림보, 지구 제기차기 같은 게임을 하고, 시위 막바지에는 박 터뜨리기도 진행했어요. 그리고 정부의 기후 정책에 대해 청소년들이 평가한 '성적표'를 만들어서 공개하기도 했어요. 빵점이라고 적힌 성적표와 함께 '무책임 끝판왕 상'이라는 상장도 함께 전달했죠.

이날 광화문 광장에 500명 넘는 청소년들이 모였는데요. 학교에 다니는 청소년들이 결석을 하고 시위를 하러 나오는 게 결코 쉬운 일이 아니잖아요. 멀리서 응원만 하는 게 아니라 실제로 시간과 마음을 내어서 거리까지 나와 준 사람들이 있다는 사실이 고마웠어요. 이 행사를 기점으로 많은 언론이 '청소년기후행동'에 주목해 주기 시작했고, 우리와 함께하고 싶다고 연락을 해 오는 사람들이 훨씬 많아졌죠. 그런데 정작 정부에서는 뚜렷한 움직임이 없는 걸 보면서 허무했어요. 우리 목소리를 정부가 듣게 하려면 좀 더 실질적인 방법이 필요하다 싶었어요. 그래서 올해 3월에는 정부와 국회를 대상으로 헌법소원을 청구하게 됐습니다.

정부와 국회가 당연히 기후변화에 적극적으로 대응해서 청소년이 안전하고 쾌적한 환경에서 살 수 있도록 보호해야 함에도 현실에서는 전혀 그런 활동이 이루어지지 않고 있다는 취지였죠. 전 세계적으로 정부에 이런 기후 소송을 제기하는 사례가 늘어나고 있고요. 특히 네덜란드에서는 시민들이 소송 끝에 승소하기도 했어요.

그런 움직임들을 접하면서 정부의 행동을 촉구하기 위해 법적인 수단을 쓸 수 있고, 또 승소의 가능성도 있다는 희망을 얻었어요. 그리고 저희를 도와주시겠다고 나선 공익 변호사분들의 도움으로 소장을 무사히 제출할 수 있었고, 실제로 열흘 만에 사전 심사를 통과했어요. 헌법재판소가 판단하기에 적절한 사안이라고 결정하고, 본격적인 심사에 들어간 거예요.

우리 모두,
기후를 위한 행동 자격 있음!

이렇게 지금까지 '청소년기후행동 활동가'로 불리며 시간을 쪼개 회의하고, 캠페인을 벌여 왔어요. 그런데 매 순간순간이 질대 쉽지는 않았습니다. 학교생활을 하면서 동시에 기후 행동을 해야 하는 데서 오는 어려움도 있었습니다. 또 한편으로는 '활동가'라는 이름이 되게 무겁고 부담스럽게 느껴지기도 했어요. 왜냐면 일상생활에서의 저의 모습이 그 이미지에 들어맞지 않는다는 생각이 들었거든요. 저는 자동차도 타고요. 비행기 타고 해외여행을 간 적도 있어요. 또 기후에 나쁜 육식을 줄이려고 노력하고 있지만, 아직 완벽한 채식주의자도 아니에요. 솔직히 결석 시위 열고 정부에 소송 거는 것보다, 주변 친구들한테 기후변화의 실태를 이야기하고 설득하는 일이 더 어려워요.

이런 내가 대외적인 무대에서 '기후위기에 적극적으로 대응하자'라고 외칠 자격이 있을까? 혼자서 수십 번 질문하고 자책했던 게 사실입니다. 하지만 그런 고민 속에서 제가 터득한 진실이 하나 있어요. 완벽해야만 기후 행동에 나설 수 있는 건 아니라는 점이에요. 겉으로 드러나는 흠결에 좌절하기보다는, 내가 이룰 수 있는 변화에 집중하고 더 많은 사람을 그 흐름에 동참시키는 게 더 중요하다고 생각합니다.

그러니까 극단적인 생태주의자거나 기후변화에 대해 해박한 전문가가 아니더라도, 누구나 환경운동가가 될 수 있다고 말하고 싶어요. 오히려 환경운동가가 되기 위해 꼭 필요한 조건은 다른 데 있습니다. 바로 세상이 바뀔 수 있다고 믿는 것입니다. 변화는 거기서부터 시작되거든요. 기후위기라는 거대한 문제 앞에서 무조건 절망하거나 냉소적으로 반응하는 대신 변화의 방향과 경로를 논의하는 데 그 에너지를 쏟아붓는다면, 우리가 뭔가 할 수 있을 거라고 생각해요. 그냥 평범한 시민들이지만, 우리가 모여 함께 목소리를 낼 때 정부를 움직이고 정책을 바꿀 수 있습니다.

그러니까 바로 이 순간부터 여러분도 이 믿음에 함께해 주세요. 내 영향력이 아주 작고 힘이 부족하다고 체념하지 말고, 지금 당장 할 수 있는 일을 하세요. SNS를 통해 기후위기를 알리고, 친구들과의 대화에서 기후위기 이야기를 꺼내고, 서명운동에 참여하고, 제대로 된 기후 정책을 가진 정치인에게 투표하시면 됩니다. 이런다고 뭐가 바뀌냐고요? 세상은 바뀐다고 믿어야 바뀝니다. 감사합니다.

내일을 향한 한 걸음

방송 이후, 저는 C40이라는 단체의 청소년기구(Global Youth and Mayors Forum)에서 활동하게 되었습니다. C40은 서울, 뉴욕, 런던 등 97개 대도시가 모인 네트워크로, 지역 차원에서 기후위기에 대응하고 협력하는 기구입니다. 이곳에서 다른 나라의 청소년 활동가들과 이야기할 기회가 많이 생겼습니다. 우리는 정책결정권자들에 대해 느끼는 불만을 나누었습니다. 노트북 화면을 통해 연대감과 공감이 전해지는 게 신기했습니다. C40 소속 시(市)들에 전달할 요구를 정리해 함께 한 편의 글로 써내는 작업도 일사천리로 이루어졌습니다.

3년째 기후 운동을 하면서 나를 지탱해 준 가장 큰 힘은 '사람'이었습니다. '청소년기후행동'에서 멋진 동료들을 참 많이 만났습니다. 크고 당당하게 구호를 외치는 법, 실수를 동력 삼아 나아가는 법, 겉으로 잘 드러나지 않는 일을 묵묵히 하는 법을 배웠습니다. 저도 그들처럼 선한 용기와 신념을 이곳저곳에 퍼뜨리는 사람이 되고 싶습니다. 앞으로 어떤 일을 하든, 이 바람은 평생 변하지 않을 것 같습니다.

참고하면 좋을 사이트

- 청소년기후행동 youth4climateaction.org
- 청소년기후행동 인스타그램 instagram.com/youth4climateaction.kr/
- 그린피스 greenpeace.org/korea/

환경을 지키는 것은
일상을 지키는 것이다

• 청소년 물범 지킴이 김범석 •

김범석
백령고등학교 2학년

14세, 물범 탐구 동아리 가입(2016년).
18세, 물범 탐구 동아리 회장직(2020년).

서해 최북단의 섬 백령도에서 점박이물범과 함께 자랐다.
중학생 무렵 물범 탐구 동아리에 가입하여
백령도 점박이물범의 실태를 알게 된 후,
점박이물범을 지키기 위한 행동을 시작했다.

#백령도 #점박이물범지킴이

서해 최북단에 위치한 섬, 백령도에는 천연기념물로 지정된 동물이 살고 있는데요. 바로 요 녀석, 점박이물범입니다. 그런데 해마다 점점 그 숫자가 줄고 있는데요. 바다에선 무슨 일이 일어나고 있는 걸까요?

안녕하세요. 백령고등학교 2학년 김범석입니다. 앞서 소개해 드린

점박이물범(사진: 박정운).

것처럼 제가 살고 있는 백령도는 '점박이물범'의 터전입니다. 아마 '점박이물범'이 어떤 동물인지 모르는 분들이 대부분일 텐데요. 화면처럼 생긴 동물입니다.

은회색 빛깔의 몸통 곳곳에 작은 점들을 가지고 있는데요. 동그란 눈망울과 짧은 앞다리가 정말 귀엽지 않나요? 제가 나와 다짜고짜 잘 알지도 못하는 물범 이야기를 하니 이상하다고 생각하시는 분도 있겠지만, 제게는 그럴 만한 이유가 있습니다. 물범들의 소중한 터전을 지키고 함께 살아가는 것이 저의 가장 큰 목표이자 꿈이기 때문입니다. 지금 그 꿈을 향해 한 발 한 발 나아가는 중인데요. 오늘 이 자리에서 그 이야기를 하려고 합니다.

우리 학교에는 물범 탐구 동아리가 있습니다. 처음 들어 보신 분들

해양 쓰레기를 줍는 모습.

이 많을 텐데요. 우리 학교에만 있는 특별한 동아리입니다. 백령도 해역에 서식하는 점박이물범을 관찰해 생태 환경을 탐구하는 활동을 주로 합니다.

저는 중학교 때부터 5년 동안 물범 탐구 동아리 활동을 하고 있는데, 현재는 회장을 맡고 있습니다. 주기적으로 바다에 나가 물범의 개체 수를 확인하거나 해양 쓰레기를 줍기도 하는데요. 그 외에 다른 학교 학생들에게 물범을 홍보하기 위해 행사를 진행하기도 합니다. 제 일상은 여느 친구들과는 조금 다릅니다. 친구들은 학교가 끝나면 보통 모여서 놀거나 게임을 하곤 합니다. 또 학원에 가느라 바쁘기도 하고요. 그런데 저는 가장 먼저 바다를 찾아요. 왜냐고요? 점박이물범을 보려고요. 아니, 더 정확히 말하면 물범이 백령도 바다를 떠나지 않았나 걱정이 돼서 살피기 위해서입니다.

천연기념물 점박이물범 내 손으로 지키기

'점박이물범'은 고래류 외에 국내에 서식하는 유일한 해양포유류로 멸종위기 야생동물이자 천연기념물입니다. 현재 전 세계적으로 40만 마리가 있는데요. 우리나라의 경우 1930년대까지 8,000여 마리였지만 개체 수가 점점 줄어 지금은 1,300여 마리 정도로 추정되고 있습니다. 백령도에서는 지난 10여 년 동안 꾸준히 300여 마리가 관찰되고 있는데요. 다른 지역에서 한두 마리씩 관찰되는 걸 보면 국내에서 집단적으로 서식하는 곳은 백령도가 유일하다고 할 수 있습니다.

점박이물범은 10월 말 번식지인 동중국해로 이동해 겨울 동안 그곳 빙하에서 출산하고, 날이 따뜻해지면 백령도로 내려와 영양을 보충하는데요. 해양수산부의 조사 결과, 2018년에 백령도를 찾았던 점박이물범 300여 마리 중 세 마리가 10년 전에 찾아온 물범과 동일한 개체라는 것이 확인됐습니다. 300여 마리 중 세 마리가 뭐 그리 대단하냐고요? 그게 그렇지 않아요. 지속적으로 백령도를 찾고 있다는 건 그만큼 서식지로서 중요하다는 뜻이니까요. 점박이물범은 수영을 즐기다가 수기석으로 물 밖으로 나와 일광욕과 휴식을 취하는데요. 백령도에서는 세 곳 정도에서 발견이 됩니다. 주민들이 일반적으로 물개바위라 부르는 곳인데, 용기포항 인근의 하늬바다 앞 물범바위와 두무진 앞 물범바위입니다. 그중에서도 하늬바다 앞 물범바위에서 가장 많이 관찰되는데요.

다음 화면은 배를 타고 나가서 바위 위의 물범들을 촬영한 사진이에요. 대부분은 바닷가에 가서 멀리 보이는 바위 위를 살펴보는데, 물범들이 나와서 쉬고 있으면 '아직 다 떠나지 않았구나' 싶어 보는 것만으로도 안심이 되고 마음이 좋더라고요.

점박이물범에 대한 제 애정이 좀 과해 보이나요? 저도 처음부터 이렇게 물범에 관심을 가진 건 아니에요. 어릴 적부터 점박이물범이 있나

바위 위에서 쉬고 있는 점박이물범(사진: 이상규).

는 건 알고 있었지만 사실 별 관심이 없었어요. 멸종동물이라는 것도 동아리에 들어오고 나서 알았으니 말 다 했죠.

그런데 제가 중학생이 됐을 때 학교에서 우연히 물범에 대한 강연을 듣게 됐는데, 그 자리에서 선생님께서 동아리 홍보를 하시는 거예요. 물범이 너무 귀엽기도 하고 또 직접 보고 싶다는 호기심이 생겨 가입했죠. 그런데 활동을 하면서 물범에 대해 알면 알수록 생각이 달라지더라고요. '내가 너무 무지하고 무관심했구나' 싶어 속상한 순간들이 많아서인데요.

특히 상처 입은 물범들의 사진을 봤을 때 너무 마음이 아팠습니다. 다음 화면에서 왼쪽은 바다에 버려진 플라스틱 쓰레기로 인해 죽음을 당한 물범의 사진이고요. 오른쪽은 천적인 백상아리에게 물려 상처를 입은 모습입니다. 너무 끔찍하죠. 제게는 그저 놀이터였던 바다에서 이런 일이 벌어지고 있다는 사실이 너무 충격적이었어요. 우리가 무심코 한 행동들이 바다 생물에게 위험할 수 있다는 사실을 깨닫고 처음으로 문제의식을 갖게 된 것 같아요.

마냥 편해 보였던 바위 위의 물범들은 어쩌면 살기 위해 비위를 찾은 건 아닐까? 문득 그런 의문이 생겼어요. 또 바다에서 물범들은 어떻

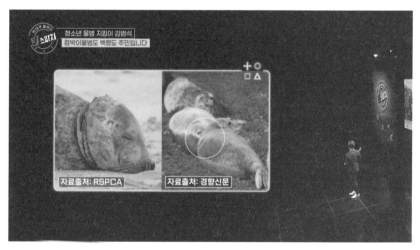

피해 받은 물범의 사진. ⓒEBS

게 생활하는 걸까 궁금해지기도 하고요. 그래서 직접 바다에 들어가 봐야겠다고 생각했어요. 동아리 형하고 달랑 갈아입을 옷만 챙겨 들고 무작정 백령도 사항포 쪽으로 갔죠. 거긴 수심이 5~6미터 정도 되는데, 수면 위에서는 바닷속이 하나도 안 보이지만 잠수해서 들어가면 물고기, 해초 등 밖에서 보지 못한 걸 볼 수 있습니다.

처음에는 엄청 신기하더라고요. 그런데 그것도 아주 잠깐이었습니다. 바위에 엉킨 그물부터 사람들이 버린 각종 쓰레기까지……. 상황이 정말 심각했어요. 일단 보이는 대로 쓰레기를 수거하고 돌아왔는데 바닷속이 지저분해서 속상하기도 하고, 그걸 치워서 뿌듯하다는 이중적인 감정을 느꼈습니다.

또 한번은 제가 친구들이랑 낚시하려고 두무진을 갔었는데 점박이물범의 사체가 부식된 채 있는 거예요. 몸에는 낡은 그물들이 있었고요. 곧바로 해양경찰에게 신고했죠. 그런데 "점박이물범이 어떻게 거기에 있냐?"면서 장난으로 신고하지 말라고 하는 거 있죠. 물범에 대한 사람들의 인식이 이 정도구나 싶어 안타깝더라고요. 그때 결심했던 것 같아요. 물범을 위해 내가 할 수 있는 것들을 하자고!

저는 동아리 활동을 통해 주기적으로 해양 쓰레기를 수거하고 있어요. 물범 관찰 지역에 가서 쓰레기를 먼저 줍고 어떤 종류가 가장 많은지 분석합니다. 그리고 쓰레기를 줄이려면 어떤 노력을 해야 하는지에 대해 토의도 하죠. 문제를 알아야 해결 방법도 찾을 수 있으니까요. 쓰레기들 가운데 가장 많은 건 어업 활동 후에 나오는 폐그물과 통발 같은 건데요. 이게 정말 위험합니다.

실제로 2016년 3월 강원도 고성에서 점박이물범이 발견됐는데요. 치료를 받다가 이틀 만에 죽었습니다. 부검 결과 사인은 장폐색이었는데, 그물 등 폐어구가 장을 막아서 소화를 하지 못한 것으로 알려졌습니다. 그 외에도 떠다니는 플라스틱 폐기물을 잘못 삼켜 죽기도 합니다. 실제 영국의 엑시터대학과 플리머스해양연구소에서는 물범을 포함해 해안으로 떠내려온 모든 해양 포유류들의 위에서 미세플라스틱이 발견되었다는 연구 결과를 발표하기도 했는데요. 저는 바닷가에 버려진 쓰레기들이 단순한 쓰레기가 아니라 이제 무기처럼 느껴지기도 합니다.

물범과 공존하기 위한 노력

물론 물범의 개체 수가 줄어들고 있는 게 쓰레기 때문만은 아니에요. 저희는 배를 타고 나가 수시로 관찰하고 탐구를 위해 그 기록들을 남겨 놓는데요. 그러면서 새롭게 알게 된 것들도 있습니다. 처음에는 기껏 나갔는데 물범을 못 보고 허탕을 치는 경우가 많았어요. 너무 답답하더라고요. 그러다 나중에 알았는데, 물범이 소리에 굉장히 예민하다고 하더라고요. 그리고 사람을 무서워해서 기척이 느껴지면 금방 물속으로 숨어 버려요. 이제는 그걸 알고 물범 있는 곳에 갈 때에는 꼭 100~200미디

전부터 배의 시동을 끄고 갑니다.

그런데 물범이 왜 이렇게 사람을 무서워하게 됐는지 아세요? 모두 우리의 잘못된 행동 때문입니다. 예를 들면 이런 거죠. 유람선을 타고 온 사람들이 처음 보는 점박이물범이 신기하다고 소리 지르고 쓰레기 던지고 그러는 경우가 종종 있는데, 그게 물범에게는 공포로 다가온 거예요. 또 예전에는 중국에서 털가죽을 얻기 위해 새끼 물범을 포획하는 일도 많았고 어민들도 멸종위기인지 모르고 죽이는 경우가 있었다고 하는데요.

어민들은 물범에 대해 어떻게 생각하는지 궁금했어요. 그래서 직접 찾아가 이야기를 나누고 있는데 안타까운 순간이 많아요. 한번은 어민분을 찾아갔는데 점박이물범 이야기를 꺼내자마자 우리보고 나가라고 하면서 "점박이물범은 우리에게 지옥 같은 존재야. 그게 그렇게 중요해? 너희도 이런 거 하지 마라. 어디 가서 욕먹는다."라시는 거예요. 문전박대를 당하고 너무 당황했었는데, 사정을 알고 보니 어민들의 마음도 이해가 가더라고요. 백령도 어민들은 대부분 그물을 설치해 고기를 잡고 있어요. 그런데 점박이물범들이 그 속의 물고기들을 빼 먹고 그물을 훼손해 버렸던 거예요. 그로 인한 피해가 꽤 크더라고요. 그물이 백만 원, 이백만 원이 아니라 천만 원 단위거든요. 그러니 어민들은 대부분 물범을 싫어할 수밖에요.

그런데 물범들의 행동에도 이유가 있어요. 백령도에서는 고등어가

7~8월에 올라와서 9~10월이면 다시 내려가거든요. 그런데 지구온난화로 해수면이 상승하면서 고등어가 이제야 올라오고 있어요. 자연스럽게 물범의 주 먹이인 우럭, 놀래미 떼도 늦게 올라오고……. 여기서 문제가 발생합니다. 날씨가 추워지면 점박이물범이 출산하는 시기인데 먹이를 충분히 먹지 못하는 상황이 벌어지는 거죠. 그러니 영양분을 섭취하지 못한 물범은 출산을 위해 어쩔 수 없이 먹이 사냥에 나서는데, 이게 어업 활동 시기와 겹쳐 버려 어민과의 갈등이 생기는 겁니다.

결국 기후변화 문제와 무관하지 않아요. 이런 상황에서 우리가 고민할 것은 공존의 방법이라는 생각이 들더라고요. '어떻게 하면 물범도 살리고 어민들도 살 수 있을까?' 그 방법을 어민들과 함께 논의하기 시작했습니다. 역시나 쉽지 않더라고요. 말도 못 꺼내기가 일쑤, 매번 혼나고 돌아와야만 했습니다.

한번은 어민분을 찾아가서 물범이 천연기념물이라 보호해야 한다고 말씀드렸는데, "보호종이고 뭐고 멸종되어야 해."라고 하시는 거예요. 감정의 골이 생각보다 깊었죠. 야속하기도 했지만 여기서 포기할 순 없잖아요. 그래서 찾아뵙고 쫓겨나면 또 찾아뵙고 그랬는데…… 다행히 조금씩 마음을 열어 주셨습니다.

이제 조금씩 이야기를 들어 주시기도 하고 물범에 대한 인식이 조금씩 달라지는 걸 느껴요. "어쩌겠어. 우리도 살아야 하지만 물범도 살아야지." 하면서 찢어진 그물은 꿰매서 쓰면 된다고 오히려 저희를 응원하고 다독여 주시는 분들도 계시고요.

또 어업 활동을 하면서 알게 된 물범 관련 정보들도 주세요. 그뿐 아닙니다. 동아리에서 물범 개체 수를 확인하는 작업도 하는데요. 물범이 맨눈으로 보일 만큼 가까이 있는 게 아니라 쌍안경과 망원경을 가지고 가서 관찰을 해야 하거든요. 하늬바다에 가면 물범바위에서 쉬고 있거나 물에 떠다니는 물범을 볼 수 있어요. 그런데 문제는 물범바위 위에 쉴 공간이 한정돼 있어서 덩치가 크고 자리를 빨리 잡는 물범이 먼저 올라가 자리를 독차지해 버리는 거예요. 당연히 힘이 없는 물범들은 쉬지 못하고 물에 계속 떠 있을 수밖에 없고요. 저희는 관찰을 통해 알아낸 이 사실을 공론화해서 알려 왔는데, 그 결과 해양수산부가 2018년에 인공쉼터를 만들었습니다.

인공쉼터는 물범바위 인근 해역에 자연석으로 조성한 암초를 말하는데요. 물범바위에서 자리다툼을 하지 않도록 새로운 휴식처를 조성해 준 셈입니다. 그런데 이게 과연 실질적인 효과가 있는지 저희가 꾸준히 나가서 관찰한 결과, 실제 점박이물범들이 9차례에 걸쳐 인공쉼터를 이용한 것으로 확인됐는데요. 2019년 지난 4월~11월까지 실시한 모니터링 결과, 8~9월에 점박이물범들이 쉼터를 가장 많이 이용한 때는 8월 9일 오후로 22마리가 이용했으며, 이날 외에는 한 번에 1~3마리, 11~13마리가량이 인공쉼터를 이용한 것입니다. 국립수산과학원 고래연구센터와 한강유역환경청 등에서도 인공쉼터에 대한 모니터링을 실시하긴 했지만 지리적으로 제약이 있다 보니 제대로 결과가 나오지 않았는데, 저희 기록이 유의미하게 사용된다는 사실이 정말 뿌듯했습니다.

또 잊을 수 없는 순간이 있습니다. 바로 2016년 8월 25일 복돌이를 방류하던 날인데요. 복돌이는 2011년 제주에서 구조돼 보호받다 백령도 하늬바다에 방류된 물범입니다. 저도 그날 점박이물범을 실제로 처음 봤는데, 방류할 때 복돌이에게 위치 추적기를 달고 어떻게 활동하는지 보는 것이 엄청 신기했어요. 저희 동아리에서는 이날을 기념하기 위해 8월 25일을 '점박이물범의 날'로 정하고 매년 학교에서 행사를 진행합니다.

모두가 함께하는 물범 보호

점박이물범의 날에는 다른 학교 학생들을 초대해 함께 물범에 대해 이야기를 나누고 우리가 실천할 수 있는 것들을 알리는데요. 몰랐던 사실을 알려 줘 고맙다고, 힘을 내라고 말하는 친구들이 많아요. 또 물범 보호 활동을 위해 기부를 하는 학교들도 있고요. 점박이물범의 인지도가 높아져 학생, 선생님들이 관심을 가지는 모습을 보면 앞으로 더 열심히 알려야겠다는 생각이 듭니다.

이런 저를 보고 주변에서는 쓸데없는 데 시간 낭비하지 말고 공부나 하라고 하기도 합니다. 그런 건 청소년인 제가 아니라 어른들이 할 수 있는 일이라고 말이죠. 지금 저의 이런 노력이 해양 동물 보호에 당장 큰 변화를 가져오진 않겠지만 분명 조금의 힘이라도 보탤 수 있으리라고 생각합니다. 동아리 활동을 하면서 바다 생태계 보전을 위해 기여하고 싶다는 생각을 하게 됐습니다.

그래서 체육 교사였던 제 장래희망도 해양환경관리공단의 연구원으로 바뀌었는데요. 해양 생태계 및 해양 환경 보전을 위해서는 사회적 인식 개선이 가장 중요하다고 생각합니다. 해양환경관리공단에 들어간 뒤 그간의 경험을 살려 학생들에게 환경에 대해 강연도 하고 다양한 경험을 제공해 생태계 보전의 중요성을 일깨워 주고 싶습니다.

'세계야생동물기금(World Wildlife Fund)'이 발표한 '지구 생명 보고서 2020(Living Planet Report 2020)'에 따르면 1970년~2016년 4,392종의 포유류·조류·양서류·파충류·어류 관찰 결과 평균 개체 수가 68% 가까이 줄어든 것으로 나타났는데요. 지난 40년간 지구상 생명체의 70% 가까이가 줄어든 것이나 마찬가지입니다. 대표적인 예가 호주 저지대 산호초 섬에 살던 포유류 '브램블 케이 멜로미스(Bramble cay melomys)'입니다. 다음 화면을 봐 주세요.

쥐처럼 생긴 이 생물은 공식적으로 기후변화로 인해 멸종된 첫 포유류인데요. 2009년 이후로 모습을 보이지 않아 지난 2016년 호주 퀸즈랜드 주 정부는 이 생물의 멸종을 선언했습니다. 빙하가 녹고 해수면이 계속 높아지면서 낮은 지대에 살던 멜로미스의 터전을 덮친 건데요. 섬

기후변화로 인해 멸종된 첫 포유류인 브램블 케이 멜로미스(출처: 「Geographical」 2016년 9월호).

에서 구할 수 있던 먹이도 끊어지자 멜로미스는 자취를 감췄습니다. 이 대로라면 점박이 물범도 결코 예외일 수 없습니다. 이미 개체 수 감소는 꾸준히 진행 중이니까요.

올해 학교에서 진행한 '점박이물범의 날' 행사에서 학생들이 점박이 물범, 해양 쓰레기, 자원의 순환 등을 주제로 오행시 짓기를 했는데요. 이날 나온 작품 가운데 하나를 소개할게요.

오늘 제가 여러분께 하고 싶은 말을 가장 잘 나타낸 오행시입니다.

점 — 점점 사라지는 점

박 — 박이 물범

이 — 이렇게

물 — 물끄러미 지켜만 보고 있던 당신

범 — 범죄자와 똑같습니다

점박이물범을 지키는 일과 환경을 지키는 일, 우리의 일상을 지키는 일은 모두 같은 선상에 있습니다. 점박이물범이 살 수 없는 곳은 인간에게도 위험할 것이 분명하니까요. 아직 점박이물범은 사라지지 않고 우리 곁에, 그것도 우리 생각보다 가까이 살고 있습니다. 우리의 무관심 속에서 그들이 사라지고 있는 것을 방관할 것인지 아니면 점박이물범과 더불어 살아갈 것인지, 그 선택은 그들이 아닌 우리 인간들만이 할 수 있습니다. 인간의 욕심에 의해 파괴되고 있는 해양 생태계에 대한 작은 관심이 점박이물범을 보호하기 위한 첫걸음입니다.

감사합니다. 미래의 해양생태연구원 김범석이었습니다.

참고하면 좋을 사이트

- 법정법인 야생생물관리협회 kowaps.or.kr
- 동물권행동 카라 ekara.org
- 세계자연기금 WWF wwfkorea.campaignus.me

작은 행동이 모여
안전한 사회를 만듭니다
· 청소년 방범대원 김승현 ·

김승현
충주고등학교 3학년

11세, 자율방범대로 활동하던 아버지를 따라 처음으로 방범 순찰(2012년).
그 이후로 9년째 방범대원으로 활동 중.

2016년 충주중앙중학교 전교부회장

2017년 충주중앙중학교 전교회장

2018년 충주고등학교 또래 상담사

　　　　충주 시장 표창장(봉사부문) 수상

2018년~2021년 충주고 자율동아리 S.C.S.L 봉사단장

2019년 충주시 솔리언 또래 상담자 연합회 운영팀장

　　　　전국 중고생 자원봉사대회 장려상 수상

　　　　충청북도 청소년 자원봉사대회 여성가족부장관상 수상

2020년 S.C.S.L 청소년 자율 순찰대 대장

안녕하세요. 안전한 사회를 만드는 데 일조하고 싶은 충주고 3학년 김승현입니다. 제 복장이 독특하죠? 교복이 아닌 방범대원복을 입고 나와 놀라셨을 겁니다.

방범대원복을 입고 있는 김승현 학생. ©EBS

저는 고등학교에 다니고 있는 학생이기도 하지만, 충주시 중앙자율방범대에 속해 있는 청소년 방범 활동가입니다. 일주일에 한두 번, 밤마다 충주 지역 곳곳을 순찰하며 범죄 예방과 치안 유지를 위한 활동을 펼치고 있는데요. 지금 입고 있는 이 옷이 저의 근무복입니다. 어떤가요? 제법 잘 어울리죠?

자율방범대에서 활동한다고 하면 사람들은 제가 굉장히 용감하고 대담한 사람인지 아는데요. 원래 저는 매우 소극적이고 낯도 많이 가리는 사람이었습니다. 어릴 적 저였다면 이렇게 사람들 앞에 서서 말하는 것도 감히 상상할 수 없는 일이죠. 겁 많고 소극적이던 제가 이렇게 적극적으로 달라질 수 있었던 건 모두 자율방범대에서 활동한 시간 덕분입니다. 방범대에서 활동하며 저의 작은 행동이 누군가에게 도움이 된다는 사실을 깨달았고, 무엇이든 할 수 있다는 자신감을 얻었습니다. 또 경찰이 되어 지역 안전에 보탬이 되겠다는 목표도 생겼죠. 우연히 하게 된 자원봉사가 평생의 꿈으로 발전한 셈인데요. 지금부터 그 이야기를 시작하려 합니다.

제가 자율방범대에서 자원봉사를 한다고 했을 때 어떠셨나요? '고등학생이 방범대 활동을 한다고?' 조금 낯설지 않으셨나요? 보통 청소년 봉사활동이라고 하면 자연환경 정화나 캠페인 활동 아니면 사회복지시설의 일손 돕기 등을 떠올리게 되는데요. 아무래도 방범대 활동은 생소하다는 반응이 대부분입니다. 하지만 저에게 방범대 활동은 일상입니다. 매주 화요일과 금요일 밤, 학교 수업이 끝나면 저는 이 근무복을 입고 동네에 있는 자율방범대 초소로 향합니다.

보통은 동네 순찰을 합니다. 그러다 출동 연락이 올 경우 경찰 업무를 지원하기도 하는데요. 음주운전 단속부터 화재 현장 처리, 그리고 드물긴 하지만 극단적 선택을 하려는 사람들을 돕는 현장에 투입되기도 합니다. 제가 처음으로 방범 순찰을 나갔던 건 초등학교 4학년 땐데요. 당시 자율방범대로 활동하던 아버지를 따라 나간 것이 시작이었습니다. 이후 한두 번씩 더 나가다 보니 어느새 고3이 된 지금까지 활동이 이어졌는데요. 올해로 벌써 9년차! 나름 모범 방범대원입니다.

계산해 보니 저의 봉사활동 시간은 벌써 1,089시간이나 되었는데요. 1,089시간이라고 하니까 어느 정도인지 감이 잘 안 오시죠? 보통 성

방범 초소에 앉아 있는 김승현 학생.

인의 평균 걸음걸이로 1시간에 약 4킬로미터 정도 걷는다고 하는데요. 그렇게 따졌을 때 1,089시간 순찰을 했다는 건 총 4,356킬로미터를 걸은 셈입니다. 이 거리면 서울과 부산을 걸어서 다섯 번 이상 왕복한 거나 마찬가지입니다. 그저 봉사하는 것이 즐거워 시작했는데 하다 보니 어느새 이렇게 봉사 시간을 채우게 됐습니다. 어른들도 힘들다는 자율방범대에서 제가 이렇게 긴 시간 활동할 수 있었던 이유는 무엇일까요? 자원봉사의 원동력이 된 것들을 지금부터 하나하나 말씀드리겠습니다.

자원봉사의 원동력은 사회를 사랑하는 마음

그 첫 번째는 사회에 도움이 되고 싶다는 생각입니다. 자율방범대가 뭔지도 모르던 초등학교 시절, 처음으로 갔던 현장은 교통사고가 벌어진 곳이었습니다. 2차 사고를 막기 위해 위험을 무릅쓰고 통제를 하는 아버지와 방범대분들의 모습이 어린 저의 눈에 정말 멋있게 보였는데요. 그때는 그게 무슨 감정이었는지 정확히 몰랐는데 지금 생각해 보면 동경이었던 것 같아요. 저도 저렇게 되고 싶다는 마음이요. 그 뒤로 한두 번씩 아버지를 따라 자원봉사를 하기 시작했습니다.

하루는 음주운전 단속 현장에 지원을 나갔는데, 방범대장님이 경광봉을 쥐여 주시면서 "뭐 하고 있어? 같이 해야지." 하시더라고요. 세계

주어진 일은 운전자들이 단속을 피해 도망가지 못하도록 도주로를 막는 것이었습니다. 한참을 그렇게 차들을 감시하며 서 있는데, 한 아주머니께서 창문을 열고 이런 말씀을 하시는 거예요. "고마워요. 덕분에 저희가 안전하게 지낼 수 있어요." 얼떨떨하면서도 뿌듯하더라고요. 아버지가 방범 활동을 하는 이유가 이런 걸까 싶었습니다. 누군가에겐 별것 아닐 수도 있지만 제게는 그 한마디가 봉사를 결심한 결정적 계기가 됐어요. '이런 작은 행동 하나도 누군가에게 도움이 될 수 있구나'라는 사실을 깨닫고 비록 봉사활동이지만 열심히 해야겠다는 책임감을 갖게 됐거든요.

자율방범대의 주된 업무는 동네 순찰이지만, 출동 요청이 들어오면 사건 현장에 나가 경찰 업무를 지원하기도 합니다. 한번은 극단적 선택을 하려는 시민을 구조하기 위해 경찰과 함께 나간 적이 있었어요. 저는 너무 어리니까 차에 있으라고 해서 현장을 직접 보지는 못했는데, 무전기에서 소리도 들리고 차에 있어도 현장 분위기를 그대로 느낄 수 있었습니다. 그때 같이 갔던 경찰분이 긴박한 상황에서도 침착함을 잃지 않고 시민의 목숨을 구해 내는 그 장면이 아직도 잊히지 않습니다.

그때까지 제가 가지고 있던 경찰에 대한 이미지는 잘못한 사람들을 잡고 사람들의 싸움을 말리는 모습이었는데, 그날 생각이 조금 바뀌더라고요. 힘들어하는 사람들, 사회적 약자들을 위해 이렇게 애쓰는 모습이 존경스러웠고, 또 저도 누군가에게 그런 사람이 되고 싶다는 마음이 강하게 들었어요. 그래서 그때 경찰이 되겠다고 마음을 먹었던 것 같아요.

봉사하는 아버지가 멋있어 보였던 것, 지나가는 분께 들었던 고맙다는 말에 뿌듯했던 경험, 또 사건 현장에서 경찰의 모습에 감동했던 기억들이 모여 '사회에 도움이 되는 사람이 되고 싶다'라는 마음을 만들었습니다. 방범대 활동은 보통 밤 9시에 시작해 새벽 1시까지 이어지는데, 모두 마치고 집에 돌아가면 새벽 2시 가까이 됩니다. 다음 날 학교에도 가야 하니까 사실 지치고 벅찰 때도 많아요. 하지만 저의 도움이 필요한 사람들이 있다는 생각을 하면 언제 그랬냐는 듯 쌩쌩해지면서 얼른 현장에 또 나가고 싶어집니다. 제가 방범대 활동을 더 열심히 할 수밖에 없는 이유입니다.

시선에서의 자유, 그리고 진심은 통한다!

제가 방범대 활동을 계속할 수 있었던 또 하나의 이유는 꾸준히 하다 보면 진심은 통한다는 깨달음입니다. 저 같은 어린 학생이 방범 활동을 한다고 하면 좋지 않은 시선을 보내는 사람도 많습니다. 사건 처리 과정에서 현장 사진을 찍다가 뒷머리를 잡힌 적도 있고요.

그리고 제가 학생인 걸 알고 어떤 분은 '권력도 없는 봉사자'라며 막

말을 하기도 했어요. '아, 우리를 보는 시선이 저 정도구나'라는 생각이 들어서 정말 속상했습니다. 그때 이런 저의 고민을 부모님께 털어놨더니, 아버지는 너무 힘들면 언제라도 그만두라고 하시더라고요. 그리고 사람들의 시선보다 더 중요한 건 저 자신의 의지라며 지금 그 경험에서도 배울 점이 있을 것이라고 조언해 주셨습니다.

그 말을 듣고 생각했습니다. 제가 왜 방범대 활동을 하는지 말이에요. 제가 봉사를 하는 건 사람들에게 잘 보이기 위해서가 아니라, 누군가를 돕는 일이 좋아서, 그 일을 통해 지역 사회에 도움이 되고 싶어서입니다. 그 생각을 하고 나니 마음속 혼란도 명확해졌습니다. 다른 사람의 말을 신경 쓰지 말고 묵묵히 내 일을 하자고 다짐했습니다. 이렇게 시선에서 벗어나니까 봉사를 하는 마음도 한결 가벼워지더라고요.

그러던 중 제게 자신감을 안겨 준 사건이 생겼습니다. 충주는 사과가 유명해서 사과 농사 짓는 분들이 많거든요. 그래서 수확 시기가 되면 밤에 몰래 사과를 훔쳐 가는 일이 자주 발생하는데요. 하루는 순찰을 하고 있었는데 한 농민분께서 다가오시더니 과수원에 도둑이 있다고 말씀해 주시는 거예요. 그런데 얘기를 들어 보니 이게 그냥 장난으로 하는 서리 수준이 아니었어요. 트럭을 가져와서 대량으로 몰래 훔쳐 가려 했던 거죠.

제게 더 크게 다가왔던 건 그런 행동을 하는 사람들이 어른들이었다는 사실입니다. 어린 학생들에게 그러지 말라고 타일러야 하는 어른들이 오히려 이런 잘못을 저지른다는 것이 너무 실망스러웠습니다.

사과를 도둑맞았다는 건 1년 동안의 수고를 모조리 빼앗기는 거예요. 더워도 꾹 참고 애지중지 키워 온 농산물을 도둑맞았을 때 농민들의 그 허무함은 말로 표현할 수 없습니다. 그래서 과수원들을 우범 순찰 지역으로 정해 놓고 순찰도 자주 돌고, 또 CCTV를 설치해 감시를 강화하고 있는데요. 다행히 그 이후로 도난 사건이 거의 없습니다. 수확 시기마다 불안해하던 농민분들도 이제 안전하다고 느끼시더라고요.

시장에서 만나거나 하면 저를 기억하시고 먼저 다가와 인사를 하세요. 동네 사람들을 위해서 이렇게 애써 줘서 고맙다고, 어른보다 낫다며 칭찬을 해 주시는데, 그동안 마음고생했던 것이 한순간에 날아갔습니다. 안 좋은 시선으로 바라보고 무례하게 대하는 사람들도 있지만, 묵묵히 제 일을 하다 보니 이렇게 알아봐 주시는 분들이 생기더라고요.

또 이런 저의 활동을 인정받아서 충북 청소년 자원봉사대회에서 여성가족부장관상을 수상하기도 했는데요. 그동안의 노력들을 인정받은 것만 같아, 기분이 정말 좋았습니다. 그리고 처음에 안 좋은 시선을 보내던 사람들도 이제는 대단하다며 응원을 보내 주세요. 만약 제가 사람들의 안 좋은 시선과 막말에 상처받고 주눅 들어 있었다면 어땠을까요? 아마도 방범 활동을 계속하지 못했을 거예요. 스스로를 믿고 꾸준히 하다 보니 자연스럽게 사람들의 시선도 변해 갔고, 그 경험이 제가 버틸 수 있는 힘이 되어 주었습니다.

선한 행동의 전염성

제가 방범대 활동을 계속할 수 있었던 마지막 이유는 '선한 행동은 전염성이 강하다'는 믿음입니다. 오랜 시간 활동을 하다 보니 주변에 제 이야기가 알려지기 시작했습니다. 함께 봉사하고 싶다는 친구들이 생기면서 고등학교 입학 후에 교내에 봉사 동아리를 만들었는데요. 그때부터 친구들과 요양원이나 돌봄 센터 등을 다니며 다양한 봉사를 하고 있습니다.

그런데 언젠가부터 봉사 동아리 친구들이 제가 하고 있는 방범대 활동에 관심을 보이더라고요. 또 저희 학교 말고 다른 학교에도 소문이 나서 연합하자는 이야기까지 나왔는데요. 생각보다 함께하고 싶어 하는 친구들이 많아서 놀랐어요. 그래서 올해 초부터는 기존에 하던 자율방범대 활동과는 별개로, 열 명 남짓의 친구들과 또 다른 순찰 활동을 벌이고 있습니다.

친구들하고 처음으로 방범 활동을 했던 날이 기억에 남는데요. 모두 처음이라 긴장하고 있었는데 하필 그날, 음주자 안전 귀가부터 고성방가 단속까지 쉽지 않은 상황들이 많았습니다. 순찰이 끝나고 친구들에게 어땠는지 물어봤는데 "밤거리가 이렇게 위험한지 몰랐다."라며 놀라는 친구도 있었고요. "지역 안전을 위해 무언가 할 수 있다는 것이 보람 있다."라며 앞으로 더 적극적으로 활동하겠다고 의지를 불태우기도 했습니다. 친구들이 안전과 치안에 대한 인식을 제대로 갖게 되는 것 같아 좋았습니다.

앞으로 이 친구들과 함께 청소년 자율방범대를 만들어 더 적극적으로 활동을 하고 싶습니다. 다른 지역에는 청소년 자율방범대가 있다고 들었는데 충주 지역에는 아직 없거든요. 그렇게 길을 만들어 놓으면 제가 졸업을 하고 대학을 가도 앞으로 후배들에 의해 계속 이 활동이 이어질 수 있지 않을까 하는 생각입니다. 제가 붙인 봉사라는 작은 불씨가 친구들의 마음에 닿아 청소년 자율방범이란 결실을 맺었듯이, 우리의 작은 활동이 결국 지역 안전과 치안에 변화를 가져올 것이라고 믿습니다. 선한 행동은 누군가에게 전염이 잘 된다는 것을 경험을 통해 배웠으니까요.

안전한 사회를 위한 모두의 노력

한 가지 더 말하고 싶은 것은, 안전한 사회를 위해서는 어른들의 역할이 중요하다는 것입니다. 순찰을 돌다 보면 어른들에게 정말 실망스러운 순간들이 많은데요. 그중 잊히지 않는 현장이 하나 있습니다.

중학교 때였는데 순찰을 돌다가 사거리 신호 앞에 차 한 대가 멈춰 있는 걸 발견했어요. 그런데 이상하게 신호가 바뀌어도 차가 움직이질 않는 거예요. 가까이 가 보니 안에 사람이 쓰러져 있었습니다. 혹시 심장마비인가 싶어서 한참을 차 앞 유리와 옆 창문을 두드리고 운전자 의식을 확인하려 애썼는데, 알고 보니 술을 마시고 운전을 하다 잠든 거였습니다. 길 한 가운데 차가 서 있는 상황이라 자칫하면 사고가 날 수도 있는 위험한 상황이었는데요. 연이어 날 수 있는 사고를 막기 위해 일단 도로를 통제하고 교통상황부터 정리했죠. 그리고 운전자를 음주운전으로 신고한 뒤 사건을 마무리했던 기억이 나는데요. 방범 활동을 하면서 이런 상황을 마주할 때면 너무 실망스럽고 속상하더라고요.

그 외에도 술에 취해 아무에게나 폭력을 행사하고, 시민들에게 막무가내로 화를 내며 욕설을 내뱉는 경우도 비일비재합니다. 이런 모습을 보고 저희 같은 청소년들이 무엇을 배울 수 있을까요? 이른들이 무신코 하는 나쁜 행동은 청소년들에게 그대로 전해진다는 걸 잊지 말아 주세요. 제가 자율방범대의 모습을 보고 봉사를 하고 경찰을 꿈꿨듯 어른들이 모범적인 태도가 행복한 지역을 만드는 데 중요하다고 생각합니다.

저는 사람들을 돕는 일이 즐거워 봉사를 시작했고 힘든 상황에서도 포기하지 않으니 시선에서도 자유로워질 수 있었습니다. 그 속에서 쌓인 경험들은 제게 행동할 수 있는 자신감을 안겨 주었고 함께하고자 하는 친구들도 생겼는데요. 덕분에 지금 저는 청소년 자율방범대를 만들어 저만의 길을 만들어 나가고 있습니다. 지금의 이 경험과 실천을 통해 경찰이라는 꿈을 이루고 싶은데요. 제가 생각하는 경찰의 모습은 작은 일이라도 가장 가까이에서 주민들을 돕는 거예요. 민생 치안 업무 분야에서 일하며 시민분들의 작은 소리 하나하나에 귀 기울이며 빠르게 반응하고 지금보다 더 실질적인 봉사를 하고 싶습니다.

　자율방범대 활동이 봉사 동아리로, 또 청소년 자율방범대 활동으로 이어졌듯 지금의 노력들도 제 꿈에 한 걸음 더 가까이 다가가게 만들어 줄 거라 믿습니다. 여러분도 작은 것부터 하나하나 시작해 보세요. 지금까지 9년차 청소년 방범 활동가 김승현이었습니다.

참고하면 좋을 사이트

• 서울특별시 자율방범연합회 scp.or.kr
• 1365자원봉사포털 1365.go.kr

- '청소년 방범대원'은 각 지역의 자율방범대에서 자체적으로 모집합니다.
- 1365자원봉사포털에서 비주기적으로 올라오는 '청소년 자율방범대원' 모집 공고를 검색해 보세요.

제주어,
어디까지 알고 있수꽈?

· 제주어 지킴이 김다솔 ·

김다솔
제주 신성여자고등학교 2학년

제주 토박이 집안에서 태어났으며, 제주도에서 평생을 살았다.
친구들과 있을 때 제주 사투리로 대화하는 제주어 사용자.
18세, EBS 〈10대가 말하다 틴스피치〉에 출연,
'제주어 보존'을 주제로 강연함(2020년).

제주 신성여자고등학교 제67대 학생회장.
다양한 매체에 출연하여 제주어를 보존하고
더 많은 사람에게 제주어를 알리기 위해 노력하고 있다.

"안녕하시꽈! 제주도 신성여자고등학교 김다솔이랜 햄수다. 제주에 온 걸 막 환영햄쑤다! 어떵 먼 길 와줭 잘도 고맙수다게. 지금부터 허영 제주이야기 헐 건데 다들 들을 준비 되었수꽈?"

"얘 대체 뭐라고 하는 거야?" 하는 분들 계실 것 같아서 다시 인사드릴게요! 안녕하세요! 제주도 신성여자고등학교 김다솔이라고 합니다. 여러분, 제주에 제 이야기를 들으러 오신 걸 환영합니다!

여러분은 '제주' 하면 어떤 이미지가 떠오르시나요? 아마 '한라산', '제주 바다'처럼 제주의 아름다운 자연경관이 가장 먼저 떠오르지 않을까 싶은데요. 제주에는 제주의 허파라고 불리는 곶자왈부터 천년의 숲으로 유명한 비자림, 다양한 해산물이 춤추는 제주 앞바다처럼 아름다운 자연경관이 참 많은데요. 이들의 공통점은 무엇일까요? 여러분들이 자주 듣고 접하셨을 법한 이야기이지요. 바로 모두 사라질 위기에 처했다는 공통점을 가지고 있습니다. 저는 여기에 한 가지 더해서 사라질 위기에 처한 제주의 보물에 대해서 이야기 드리려고 합니다.

그것은 바로 '제주어'인데요. 많은 사람들은 제주의 보물이라고 하면 제주의 자연경관과 같은 유산을 떠올리시겠지만, 제가 오늘 이야기할 주제는 보이지 않지만 제주의 소중한 보물 '제주어'입니다. 저희 가족은 현재는 이주민이 많아 조금 찾기 힘든 제주 토박이 집안입니다. 아빠는 제주도 외도 출신, 그리고 어머니는 납읍리에서 나고 자라셨고, 저도 제주에서 나고 자란 토박이랍니다. 당연히 제 고향인 제주도를 너무 좋아하고 사랑하지만, 제주어에 대한 생각과 인식이 바뀌게 된 건 사실 그리 오래되지 않았어요. 지금부터 그에 관련한 제 이야기를 하나 들려드리도록 하겠습니다.

중학교 시절 저는 단독주택 2층에서 가족들과 함께 살고 있었어요. 저희 집 아래층에는 학원을 운영하시는 선생님과 아흔 살 정도 되신 선생님의 할머니께서 같이 살고 계셨습니다. 제가 그 당시 1층에 있는 학원에 다녔습니다. 그러다 보니 종종 할머니와 함께 대화하는 시간도 있었는데요. 어느 날 언니와 저는 할머니를 뵈러 아래층에 내려갔고 함께 이야기하고 있었습니다. 그러다 할머니께서는 갑자기 "하건디가 아팜쩌 하건디가."라고 말씀하시는 것이었습니다. 언니와 저는 어리둥절하여 "하반신이 아프세요? 주물러 드릴까요?" 하며 할머니의 다리를 열심히 주물렀습니다.

그런데 할머니께서는 계속해서 "아니 하건디가 아팜쩌게."라고 하시는 겁니다. 언니와 저는 알아듣지 못하고 결국 할머니 다리를 주물러 드리다 다시 집으로 올라와 엄마와 아빠께 여쭈었습니다.

"엄마 아빠. 할머니께서 하건디가 아프다고 하셔서 하반신인 줄 알고 열심히 다리를 주물러 드렸는데 하건디가 뭐예요?"

그러자 엄마 아빠께서는 우하하하 크게 웃으시고는 말씀하셨지요.

"다봄아, 다솔아! 하건디는 하반신이 아니라 몸 전체가 아프시다는 이야기야."

여러분은 '하건디'가 어떤 의미인지 이해하셨나요? 제주도에 살고 계시는 관객 여러분은 '하건디'의 뜻을 추측할 수 있었나요? 아마 어려웠을 거라 생각해요. 이 강연을 미디어 매체로 보고 계신 여러분은 '제주도 사람인데 그걸 왜 몰라?'라고 생각할 수도 있을 것 같아요. 하지만 제주도민, 특히 지금 10~20대분들은 공감하실 겁니다. 바로 제주도에서 나고 자랐어도 정말 모르는 말들이 많이 있다는 걸요.

실제로 친구들 사이에서는 "너 뭐 하맨?", "너 밥 먹언?"과 같은 제주 말투는 자주 사용하지만, '하건디' 같은 제주어 어휘를 사용하는 경우는 아주 드문데요. 저는 10대들 사이에서 제주어가 더 빠르게 사라지고 있는 이유가 뭘까 생각해 봤어요.

첫 번째 이유로는, 아무래도 빠르게 변해 가는 사회에서 10대들은 SNS 나 TV 같은 미디어의 영향을 많이 받을 수밖에 없는 상황이라는 점을 들 수 있어요. 그 속에서 당연히 제주어를 사용하는 경우는 거의 없죠. 즉, 미디어에서 많은 시간을 보내고 있는 현재 10대에게는 제주어를 접할 기회조차 없는 경우가 많아지고 있다는 거예요.

또 두 번째 이유로는, 특색 있는 억양과 어휘를 가진 제주어는 때론 '교정'의 대상으로 여겨지기도 하기 때문입니다. 예를 들어, 학교 면접을 본다든가 취업을 할 때는 제주어로 임해야 하는 경우는 굉장히 드물기 때문에 제주어는 오히려 우리에게서 멀어지고 있는 실정이에요.

실제로 제주어는 지난 2010년 12월 유네스코가 지정하는 소멸 위기 언어 5단계 중 4번째인 '아주 심각한 위기에 처한 언어'로 등재됐다고 합니다. 알고 계셨나요? 그뿐만 아니라 2015년 국립국어원에서 전국 사투리 사용 비율을 조사한 결과, 제주도는 지역 사투리 사용 비율이 단 1%대에 그쳐 전국 최하위를 기록했다고 합니다. 정말 말 그대로 사라지고 있는 중인 거죠.

제주 토박이로서 나름 자부심을 가지며 살아오고 있었는데, 나부터 제주어를 소홀히 하고 있었던 건 아닐까 생각도 들었습니다. 제주에 살고 있지만 제주어에 대해 깊게 생각하면서 지내고 있지 않았기 때문입니다. 그래서 제주어에 관심을 갖고 본격적으로 알아보기 시작했고, 그런 과정에서 이렇게 여러분 앞에서 이야기할 수 있는 기회도 생긴 것 같습니다.

제주어의 독자성

그럼 제주어에 대해 함께 깊게 이야기해 보도록 할까요? 제주어의 가장 두드러지는 특성 중 하나는 바로 '독자성'입니다. 그리고 독자적인 제주어가 탄생한 배경으로는 '섬'이라는 지형적 특성을 빼놓을 수 없을 텐데요. '섬'은 비교적 외부의 문화를 많이 받아들인다기보다 내부에서 독자적인 문화를 많이 성장시키는 경우가 많습니다. 그렇기에 제주에서는 제주도민이 제주에서 살아가는 과정에서 제주어를 성장시켜 오고 발전시켜 오는 과정에서 '독자성'을 가지게 되었던 것이죠.

이제부터 저는 제주의 탄생에 아주 큰 축을 담당하고 계시는 설문대 할망과의 인터뷰를 진행해 볼 예정입니다. 이 인터뷰가 아까 언급했던 제주어의 특징인 '독자성'에 대해서뿐만 아니라 제주어와 제주의 모습을 더 잘 이해해 보는 기회가 될 것이라고 생각합니다.

우선! 설문대 할망과의 본격적인 인터뷰 진행에 앞서, 설문대 할망이 누구냐고요? 우리나라의 단군신화처럼, 제주에는 제주도를 만든 '설문대 할망 설화'가 있어요. 설문대 할망은 옥황상제의 셋째 딸로, 세상

에서 가장 큰 할망이었다고 해요. 여러분도 설문대 할망을 실제로 만나보고 싶지 않나요? 제주 탄생에 대해 이야기를 나누어 보고, 또 소멸 위기에 처한 제주어에 대해서도 물어보는 시간을 가지도록 할게요! 설문대 할망을 한번 모셔 보도록 하겠습니다.

Q. 할망, 제주도 무사 맹글언 마씨?
A. 세상을 확 트이게 하고정 허연 흙을 치메에 모앙 세상에 나와신디게 흙이 막 쏟아정 모여신디 그 속에서 스럼들이 막 이것저것 ᄒ면서 살아가난 그것이 제주가 되었주.

할머니께서는 세상을 확 트이게 하고자 세상에 나와 치마에 흙을 모았고, 그 흙이 쏟아지며 뭉쳐져 그 속에서 사람들이 이것저것 하면서 살아가니 '제주'가 되었다고 합니다. 제주는 육지와 떨어져 있는 섬 지역이다 보니 설문대 할망이 만든 제주도 안에서 독자적인 문화가 성장해 왔다는 것을 예측할 수 있겠네요.

여러분! 설문대 할망과 함께한 인터뷰에서 사용한 제주어! 바로 그 제주어는 훈민정음 창제 당시의 우리 말과 가장 가깝다는 사실, 알고 계셨나요? 섬이라는 지리적 특성 때문에 우리의 옛말을 가장 잘 보존하고 있었던 거죠. '아래아(•)' 음은 제주어에만 남아 있기도 하고요. 발음이나 표기에 차별점이 많아 제주어는 더욱더 신비롭고 재미있는 방언이 된 것 같습니다.

그런데 설문대 할망은 제주어가 소멸하고 있는 이 상황에 대해서 어떤 생각을 가지고 계실까요? 한번 여쭤어보도록 하겠습니다.

Q. 할망, 요새마씨 제주어가 막 사라진댄 허연, 요새 아이덜이 이제 역 할망 말 못알아들을 수도 이신디 이 상황 어떵 느껴져마씨?

A. 나도 듣긴 했지만은 제주도 사람들이 쓰는 말 왜 어서점신지 잘도 서운한게. 경허여도 제주어만큼이나 재미있는 말 어신디게. 어떵해, 요새 아이덜이 말 지켜 줘야주.

설문대 할망도 제주어가 사라지는 상황에 대해 많이 속상해하시는 눈치였습니다. 우리 세대에게 제주어의 가치를 보존해 달라는 말을 기억하면서 이상으로 인터뷰를 마치도록 하겠습니다!

여러분은 '언어'에 대해서 어떻게 생각하시나요? 언어는 집단의 정체성의 일부로 의사소통 수단을 넘어 집단이 공유하는 역사와 시대, 삶 자체이기도 합니다.

일제강점기 당시에 우리 민족의 정체성, 삶, 가치관이 고스란히 담긴 우리말을 잃지 않기 위해 노력했던 것처럼 제주어도 제주 고유의 문화적 관습, 역사를 고스란히 담고 있기 때문에 '제주어'의 보존 역시 매우 중요합니다. 지역어가 사라지면 지역 정신노 함께 사라지는 것이라고 이야기할 수 있겠죠. 저는 제주의 환경도 물론 중요하지만, 보이지 않는 가치인 언어 역시 그에 못지않게 중요하다는 사실을 뒤늦게 깨달아 부끄럽기도 하고 책임감도 느끼고 있답니다.

그런데 사실 제주도는 이런 상황 속에서 가만히 있는 것은 아닙니다! 제주도에서도 사라지고 있는 제주어를 보존하기 위해서 많은 노력들을 하고 있어요. 제주도에선 매년 다양한 단체에서 '제주어 말하기 대회' 혹은 '제주 설화 이야기 대회'와 같은 행사를 실시하고 있고요. 제주어 이모티콘 제작, 제주어 속담 표지판 게시 등 다양한 노력을 하고 있다고 합니다. 하지만 이런 노력에도 불구하고 아직 청소년들이 제주어에 대해 큰 관심을 가지지는 않는 것 같아서 아쉬움도 들더라고요.

제주어를 보존하기 위해 우리가 할 일

그래서 마지막으로 여러분과 함께 이야기해 보고 싶은 주제 중 하나는 과연 우리 청소년들이 현시점에서 '제주어를 보존하기 위해, 제주도의 가치를 오래 기억하기 위해 어떤 일을 해 나가야 할까?'라는 부분인데요. 여러분들은 이에 대해 생각해 보신 적이 있나요? 제 생각을 이야기해 보겠습니다! 저는 '제주어의 날'을 제정하면 어떨까 생각을 해 보았는데요. '제주어의 날'을 제정한다면 그날만큼은 제주어에 대해, 제주에 대해 한 번 더 생각해 볼 기회가 될 것으로 생각하기 때문입니다.

예를 들어 한글날에는 여러분도 한글에 대해 짧게라도 한번 생각해 보았던 경험이 있었을 것입니다. 그런 것처럼 제주어가 현재 소멸 위기에 처한 이유는 잊혀 가기 때문이므로 제주어에 대해 기억해 보는 날을 갖는다면 제주어 보존에 좋은 영향을 끼칠 수 있을 것이라는 생각이 듭니다.

그렇다면 제주어의 날에는 어떤 활동을 할 수 있을까요?

제가 조금 제안을 해 볼게요. 제주어로 영화를 제작해 보고 학교와 같은 교육 단체에서 다 같이 이를 영화관에서 보는 것도 괜찮을 것 같고요. 또한 제주어를 활용한 노래를 발매할 수 있는 기회를 제주도민에게 제공하는 것도 좋을 것 같습니다. 여러분은 좋은 아이디이기 있나요? '제주어의 날'이 생긴다면 여러분들과 함께 많은 아이디어로 채워 가면 정말 좋겠네요!

"자, 어떵 이제끄지 나랑 고치 이야기 허난 재미졌수꽈? 나역 재미져신디 이제역 슬슬 마무리 해보게마씨."

추가로 여러분! 저는 신성여자고등학교, 제가 재학하고 있는 학교의 학생회장입니다. 이 위치에서 제주도를 위해 할 수 있는 일을 더 모색해 보고 찾아 나갈 생각입니다. 여러분도 제주어에 대해 어떻게 하면 그 가치를 더 보존할 수 있는지 한 번 더 생각해 보는 기회가 되었다면 좋겠습니다. 이상으로 제주도 토박이 고등학생이 말하는 제주어에 대한 짧은 이야기를 마치도록 하겠습니다.

내일을 향한 한 걸음

방송 이후 학생회장의 위치에서 할 수 있는 최선을 다했고, 이후 차기 회장이 선출되어 현재는 회장 임기가 끝난 상태입니다. 감사하게도 〈10대가 말하다 틴스피치〉 출연 이후 KBS제주에서 방영하는 프로그램 〈보물섬〉 속 코너 제 주어 퀴즈쇼 '매깨라'에 출연하게 되었습니다. 〈보물섬〉 방송 출연을 통해 제 주어에 대해 많은 것을 알 수 있었고, 사라지는 제주어를 소개하는 방송이 더 많아졌으면 좋겠다는 생각 또한 하게 되었습니다. 〈10대가 말하다 틴스피 치〉에 출연하고 나서 미디어 매체로 소통한다는 것이 얼마나 즐겁고 행복한 지 깨달았습니다. 앞으로 더 많은 매체와 프로그램에서 대중과 즐겁게 소통 하는 멋진 방송인이 되고 싶습니다.

참고하면 좋을 사이트

· 사단법인 제주어연구소 jejueo999.kr
· 제주학연구센터 jst.re.kr
· KBS제주 〈보물섬〉 program.kbs.co.kr/1tv/local/bomulseom

3장

글로벌 콘텐츠 산업의 리더

상상력을 더하면
누구나 작가가 된다

· 웹소설 작가 이서정 ·

이서정
선일여자고등학교 2학년

10세, 처음으로 소설을 쓰기 시작(2012년).
현재는 웹소설 작가로 활동 중.

2017년 『인공지능 시대 창의성 비밀코드: 14살, 생각 천재가 된 샛별』 출간
2019년 『내 맘대로 쓰는 웹소설』 출간

안녕하세요. 9년째 머릿속 상상의 세계를 글로 표현하고 있는 웹소설 작가 선일여자고등학교 2학년 이서정입니다.

인기 웹소설을 원작으로 한 드라마들이 최근 대중에게 큰 사랑을 받고 있습니다. 많은 분들이 웹소설을 기반으로 한 웹툰, 드라마, 영화, 게임 등 다양한 콘텐츠를 즐기고 있는데요 그렇다면 어떻게 해야 웹소설 작가가 될 수 있는 걸까요? 타고난 글솜씨가 있어야 가능한 걸까요? 제가 이 자리에 선 건 여러분께 '나도 웹소설 작가에 도전해 볼까?'라는 자신감을 드리기 위해서입니다. 이것 하나만 추가하면 여러분도 충분히 작가가 될 수 있기 때문이죠! 뭘까요? 바로 상상력입니다.

사람들은 웹소설을 '스낵컬처(snack culture)'라고 부르는데요. 과자를 먹듯 짧은 시간 안에 쉽게 즐길 수 있는 문화 콘텐츠이기 때문입니다. 특히 스마트폰의 보급으로 이동하면서 언제, 어디서나 쉽게 콘텐츠를 즐긴다는 점이 매력적입니다. 웹소설은 짧은 문장과 문단으로 표현하는 경우가 대부분이고 순수문학과 달리 재미를 추구하는 오락 도서라는 특징이 있습니다. 사람들이 웹소설을 좋아하는 진짜 이유는 뭘까요? 어디로 튈지 모르는 재밌는 상상력 때문입니다. 상상력은 '읽고 싶다'라는 열망을 만들어 주고, '나도 이런 이야기를 쓰고 싶다'라는 생각을 하게 해 줍니다.

제가 웹소설을 쓰는 걸 보고 같이 글쓰기를 시작한 중학교 후배가 묻더라고요. '무작정 쓰고 싶다는 생각을 했는데, 막상 글을 쓰려니까 막막하다'라고요. 무슨 이야기를 쓰지? 그걸 어떻게 쓰지? 어떤 식으로 표현하지? 그런 의문과 두려움들은 제가 처음 웹소설을 쓰기 시작할 때 느꼈던 것들입니다.

바로 시작의 두려움이죠. 하지만 시작도 하기 전에 두려워할 필요가 없습니다. 제가 주로 쓰는 웹소설의 장르는 현대 미스터리 판타지물인데요. 판타지물은 풍부한 상상력이 필요한 장르입니다. 주인공이 시공간을 초월하기도 하고, 미스터리한 사건을 따라가기도 하고, 또 초능력을 가진 주인공이 무언가를 깨달으며 점차 성장하기도 합니다. 그럼에도 소설은 현실 사람들의 삶을 기반으로 하는 이야기입니다. 주변의 작은 이야기도, 흔해 보이는 공상도 모두 소설의 소재가 될 수 있고, 스토리의 원천이 될 수 있다는 점을 알면 좀 쉽게 글쓰기를 시작할 수 있을 것 같습니다.

제가 추천하는 글쓰기 방법! 첫 번째는 메모입니다. 소설을 쓰는 사람들이 숱하게 말하는 충고가 바로 메모를 작성하라는 것인데요. 제 모든 글의 아이디어는 메모장에서 시작해 메모장으로 끝납니다. 거기엔 간밤에 꾼 꿈, 수학여행을 갔다가 떠올린 공상, 재미있게 이용할 수 있는 친구의 말, 학교에서 있었던 슬프거나 즐거웠던 일……. 남들이 보기에는 너무나 일상적이고 의미 없어 보이는 모든 것들이 메모되어 있습니다. 이런 아이디어 메모장만 몇백 개가 있습니다.

제가 메모한 내용의 예를 한번 들어 보겠습니다. 중학생 때 경주로 수학여행을 갔는데 문무왕과 용에 얽힌 전설 이야기를 들으면서 여러 상상을 해 보았습니다. 숙소에 용이 찾아오는 상상, 공부를 다 못 한 채 시험을 치르는 하루 동안 천재가 내 몸에 들어오는 상상, 수능 직전에 잠들어서 눈을 떴는데 시험도 안 치른 내가 대학생이 되어 있는 상상 등 현실에서 충분히 겪을 수 있는 일에 상상력을 더한 것들입니다.

한 문장으로 보면 그저 어

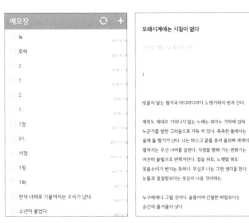

이서정 학생의 핸드폰 메모.

린 중학생의 상상, 입시를 겪는 학생의 욕망일 뿐이지만, 거기에 살과 의문을 붙이면 굉장히 수상하고 재밌는 소설의 스토리가 탄생하게 되는데요. '수학여행에서 숙소로 찾아온 용이 알고 보니 문무왕이 아닌 다른 존재였다면 어떤 일을 겪게 될까?' 또 '내 몸에 들어온 천재가 어떻게 들어왔고, 원래 있던 내 영혼은 어디로 간 건지?' 또 '누가 어떤 이유로 영혼을 바꾸게 한 거지?' 등 여러 의문들을 주인공이 해결해 가는 과정을 담으면 하나의 멋진 스토리가 완성됩니다.

꼬리에 꼬리를 무는 상상

글쓰기 방법의 두 번째는 바로 꼬리에 꼬리를 무는 생각을 이용하는 것입니다. 꼬리에 꼬리를 무는 생각을 모으면 하나의 스토리가 되고, 때론 의외의 멋진 결론을 만들기도 합니다. 물론 앞뒤 상황이 부드럽게 연결되지 않을 때도 있습니다. 하지만 이야기가 매끄럽지 않더라도 일단 문장과 문장을 이어 가는 훈련이 중요합니다. 앞뒤 상황이 떠오르지 않는다면, '사건이 발생한 후에 주인공은 무엇이 될지, 등장인물의 심리 상태는 어떤지, 등장인물 간의 관계는 어떤지, 어떤 일이 발생해야 공감이 가는지'를 상상해 보는 거예요.

훈련이고 연습이지만 이건 동시에 상상입니다. 좋아하는 인간형, 좋아하는 전개, 불현듯 번뜩이며 떠오른 대사 같은 걸 마음껏 써 보는 거죠. 웹소설은 이렇게 상상하는 대로 인물을 만들고, 사건을 만들고, 결론을 만들 수 있는 재미가 있습니다. 쓰고 싶고, 보고 싶고, 읽고 싶은 글을 적어 보세요. 유치하고 내 눈에만 재미있는 글이라도 그냥 그대로 적어 보세요. 그렇게 연습을 하다 보면 어느 순간 방대한 스토리가 완성되는 신기한 경험을 하게 됩니다.

전 초등학교 시절 친구와 '릴레이 이야기 수첩'이라는 걸 만들어 소설을 완성한 적이 있습니다. 첫 문장을 제가 시작하면, 다음 문장을 친구가 이어서 작성하는 거죠. 그렇게 서로 수첩을 주고받으며 이야기를 만들어 갔는데요. 아무것도 설정하지 않고 등장인물, 배경, 사건까지 모두 백지에 가까운 상태로 다른 상상을 하니 때론 스토리가 산으로 가기도 했고, 제가 전혀 상상하지 못했던 방향으로 결론이 나기도 했어요. 저와 다른 전개를 쓰는 친구의 글을 보며 자극도 받고 재미도 느꼈던 시간이었습니다. 상상을 현실로 끌어내 표현하는 건 작가만이 느낄 수 있는 특별한 즐거움이니까요.

글쓰기를 즐겨라!

글쓰기 세 번째 방법은 너무나 당연한 말이겠지만 글쓰기를 즐기는 것입니다. 글을 잘 쓰기 위해선 무엇보다 글쓰기 자체에서 재미를 느껴야합니다. 그림을 그리는 화가는 그릴 때 행복하고, 춤을 추는 무용가는 춤을 출 때 행복하다고 하죠. 작가는 글을 쓸 때 가장 행복해야 한다고 생각합니다. 개인적으로 제가 글쓰기에 관해 가장 공감하는 글귀가 있는데요. 바로 무라카미 하루키의 말입니다.

"장편소설을 완결한 사람은 뇌가 흥분으로 달아올라 제정신이 아니다. 왜냐면 애초에 제정신인 사람은 장편소설 같은 걸 쓸 리 없기 때문이다."

많은 사람들이 제게 질문을 합니다. "어떻게 하면 작가가 될 수 있어요?" 음…… 개인적으로 저는 이 질문에 제가 답을 할 수 없다고 생각합니다. 전 작가가 되고 싶어서 글을 쓰기 시작한 게 아니라, 글을 쓰고 싶어서 작가가 됐거든요. 웹소설 작가라는 직업이 매력적인 이유에는 '유명한 작가', '돈 많이 버는 작가'가 될 수 있기 때문이라는 것도 분명 있겠지만, 글이 목적이 아닌 수단이 되는 순간 괴로움이 시작될 수 있습니다.

웹소설은 100미터 달리기가 아닌 장거리 마라톤이기 때문입니다. 초반에 모든 승부가 갈리는 100미터 달리기와 달리 마라톤은 마지막 순간까지 포기하지 않고 체력과 정신력으로 완주해야 하기 때문이죠. 웹소설은 100화 이상의 분량의 긴 호흡을 가진 글입니다. 일주일 동안 최소 1만자, 평균 2만 자, 많으면 매일 5천 자 내외의 글을 써야 할 정도인데요. 어쩌면 글을 쓴다는 건 고된 노동과 다름없는 작업일지 모릅니다. 저도 하루에 몇 시간 동안 온갖 글자들만 뚫어져라 쳐다볼 때도 많으니까요. 이런 괴로움을 애정으로 승화시킬 만큼 글쓰기를 좋아하지 않으면 결코 도전할 수 없는 것이 웹소설 작가입니다.

저도 딱 한 문장을 쓰고 싶어서 100화 이상의 긴 글을 시작했다가 막상 계획한 설정이 엇나가 그동안 쓴 글들을 모두 엎어 버리고 고쳐 쓴 적이 있습니다. 작가니까 이런 고통을 겪는 거겠죠. 글을 잘 쓰고 못 쓰고는 사실 그 다음 문제라고 생각합니다. 그보다 글을 한 문장이라도 쓰려는 노력! 고민할 시간에 당장 쓰는 것이 중요합니다. 그게 설사 흔히 말하는 '아무 말'이라도 말이죠.

여러분도 만약 생각하고 있는 이야기가 있다면 망설이지 말고 일단 글로 한번 써 보세요. 작법서를 찾아보고 남의 글을 들춰 보는 건 분명 좋은 연습이지만, 웹소설은 순문학보나 조금 가벼워도 괜찮고, 자가만 재미있어도 괜찮을 글이니까요. '잘 쓴 글'보다는 '쓰고 싶은 글'을 쓰는 연습을 해 보세요. 그것이 여러분을 '글 쓰는 사람'으로 만들어 줄 테니까요. 저도 늘 제가 쓰고 싶은 글을 쓰기 위해 노력합니다.

최근 제가 쓰고 있는 소설에는 운명과 싸우기 위해 노력하고 움직이는 주인공이 나오는데요. 제가 가장 사랑하고 좋아하는 인간상입니다. 현실에선 그렇지 못해도 소설 속에선 내가 꿈꾸고 바라는 아름다운 세상을 만들어 갈 수 있으니까요. 전 소설 속 주인공을 통해 좀 더 밝고 건강한 세상을 그려 나가고 싶어요. 예술의 지향점은 결국 선함이어야 한다고 생각하거든요. 제가 쓰고 싶었던 이야기들은 전부 그런 이야기입니다. '상상하기'는 특별한 재능이 필요 없는, 누구나 할 수 있는 일이죠.

이서정 학생이 쓰고 있는 소설의 주인공 일러스트. ©EBS

전 글 쓰는 재능보다 상상하는 능력이 소설가에게는 더 중요하다고 생각합니다. 재밌는 상상이 떠오르셨나요? 그럼 메모하세요. 그리고 또 상상하세요. 그럼 여러분도 소설가가 될 수 있습니다.

비행기는 후진할 수 있는 장치가 없어서 앞으로 나아갈 수밖에 없다고 하는데요. 제게 소설은 후진할 수 없는 비행기와 같습니다. 작가 아닌 다른 꿈은 생각해 보지 않았기 때문입니다. 여러분도 작가라는 꿈을 실은 비행기에 탑승하셨나요? 그렇다면 자신에게 재능이 있는지 없는지는 더 이상 고민하지 마세요. 가장 큰 재능은 '글을 쓰고 싶은 마음'이니까요. 국내 웹소설 작가 수는 약 6만 7,000여 명이라고 합니다. 글을 쓰고자 하는 열정, 실천, 그리고 목표가 있다면 여러분도 저처럼 충분히 웹소설 작가가 될 수 있습니다.

지금까지 상상을 글로 표현하는 9년차 웹소설 작가 이서정이었습니다. 감사합니다.

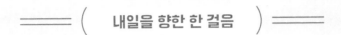

내일을 향한 한 걸음

제가 여러분께 강조하고 싶었던 건 쓰고 싶은 글을 쓰는 것을 두려워하지 말라는 점입니다. 전문적이거나 체계적인 언어로 글을 구체화하지 않아도, 글쓰는 일을 직업으로 삼지 않아도 좋습니다. 저는 지금도 꾸준히 글을 쓰고 책을 읽고 있고, 앞으로도 그럴 예정입니다. 무언가를 하고 싶다는 열망 자체가 인생에 많은 도움을 줄 테니까요. 쓰고 싶은 게 있다면 써 주세요. 그걸로 충분합니다.

참고하면 좋을 사이트

• 한국창작스토리작가협회 koswa.kr

내가 책에게
말을 거는 이유

· 팟캐스트 진행자 박준서 ·

12세부터 엄마와 함께 책을 주제로 한
팟캐스트 방송 '그 집 아들 독서법'을 진행 중(2017년~).

2014년 마인드체스 전국유소년 체스대회 동상

2015년 한국 청소년 디자인 전람회 입선

2016년 전국 청소년 과학기술도서 독후감대회 가작

　　　　국세청 세우리 기자단 활동

2016년~2017년 특허청 청소년발명기자단 활동

2017년 대교 눈높이아동문학대전 '어린이창작동시부문' 입선

2017년~2018년 서울시 어린이 청소년 참여위원회 위원 활동

　　　　세계시민교육페스티벌 환경프레젠테이션부문 금상

2018년 전국 아동권리 발표대회 최우수상

　　　　국세청 세금문예 공모전 장려상

2019년 특허청 청소년발명기자단 활동

　　　　<세상을 바꾸는 15분(세바시)> 청소년 강연

2021년 정부혁신제안 끝장개발대회-자라나다부문 온라인 강연 (주제: 탄소 중립)

2017년~ '그 집 아들 독서법' 팟캐스트 진행

안녕하세요? 저는 중학교 2학년 박준서입니다. 오늘은 제가 여러분들께 독서에 대한 이야기를 하려고 합니다. 모두가 알고 있는 독서의 필요성, 중요성을 얘기하려는 건 아니니까 너무 겁먹지 마세요~!

제가 하려는 이야기는 그저 책을 싫어하던 한 아이에 대한 이야기예요. 제가 어렸을 때부터 책을 좋아했던 건 아니에요. 저에게 책은 조금 지루했거든요. 저는 여느 아이들처럼 친구들과 놀고, 엄마와 수다 떨고, 게임 하는 것을 좋아했죠.

제가 가지고 있는 책에 대한 첫 기억은 엄마가 저에게 전래동화를 읽어 주신 것이에요. 엄마는 제가 책을 너무 안 읽는다고 생각하셨는지, 하루는 제 앞에 책을 한 권 들고 나타나셨어요. 하지만 그 책을 읽어 주시지는 않고 그냥 제 옆에 펼쳐서 책 속의 그림을 보여 주셨죠. 그리고 그 그림에 대한 이야기를 시작했어요. 저는 이렇게 엄마와 이야기하는 것이 너무 재밌었어요. 저희의 대화는 항상 책을 펼치면서 시작되었어요. 주로 책의 표지나 책 속에 그려진 그림에 대한 이야기였죠.

엄마와 제가 가장 즐겨 읽었던 책은 『개와 고양이』라는 책이에요. 이 그림을 보고 "이 개는 지금 뭘 하고 있는 것 같아?"라든지 "고양이는 왜 개를 업고 있을까?" 하며 대화를 나눴죠. 하지만 저희의 대화가 책 속에만 머물러 있던 것은 아니에요. 말을 하다가 중간에 다른 곳으로 새기도 했거든요. 갑자기 오늘 유치원에서 비슷한 일이 있었다면서 유치원 얘기도 하고 만화책 얘기도 했어요. 분명 엄마와 저의 수다는 책에서부터 시작되었는데 수다가 끝날 때쯤에는 다른 얘기를 하고 있었죠. 그래도 저는 항상 이 시간이 즐거웠어요.

로얄드 달의 『마틸다』를 읽은 것은 아직까지 뚜렷하게 기억이 나요. 엄마가 추천해 줘서 그 책을 처음 접했어요. 그냥 조금만 읽다가 재미없으면 말아야지…… 하면서 읽기 시작했는데요. 어린 마틸다가 초능력을 사용해서 나쁜 어른들을 혼내 주는 모습을 보며 저도 모르게 책 속으로 빠져들어 갔어요. 그런 경험은 처음이었죠. 말로만 듣던, 책을 읽는 즐거움이 뭔지 그때 진짜 느꼈던 거예요. 책과 제가 처음으로 소통하는 순간이었습니다.

그 이후로 저는 책과 더 친밀하게 대화하기 위해서 다양한 방법을 시도하게 됩니다. 저는 그중에서도 그림을 적극적으로 이용했어요. 어렸을 때부터 그림 그리는 걸 좋아했거든요. 책 속의 배경이나 캐릭터들을 그려 보기도 하고, 인물의 감정을 표현해 보기도 합니다.

그렇다고 엄청 잘 그리는 건 아니에요. 그냥 슥슥 자유롭게 드로잉하는 정도죠. 이렇게 그림을 그리다 보면, 책 속의 세상에 금세 빠져들어 가는 느낌을 받아요. 캐릭터를 그릴 때는 내가 만약 이 책으로 영화를 만든다면 그 속에 나오는 캐릭터들을 어떻게 구현할지 상상합니다. 캐릭터의 특징을 살려서 얼굴이나 옷을 그리고, 심지어는 포즈까지도 고민해 봐요.

책이 저에게 말을 걸면, 저는 이렇게 제 나름의 방식으로 대답하고 반응합니다. 책과 적극적으로 대화하려고 노력하는 거죠. 이런 식으로 책을 읽다 보면 또 다른 책들과도 소통하고 싶고, 더 많은 책들을 경험하고 싶어집니다.

한번은 『2120년에서 친구가 찾아왔다』라는 책을 읽었어요. 이 책은 2120년을 사는 요하난이라는 아이가 시간 여행을 해 현재로 와서 겪는 이야기를 담고 있는데요. 지금으로부터 딱 100년 후를 상상하고 있는 책인 거죠. 근데 이야기 속의 100년 후는 환경오염이 너무 심해서 자연이 파괴된 세계였어요. 오직 가상 현실로만 자연을 경험할 수 있었죠. 책을 읽으면서 갑자기 무서운 생각이 들었어요. 저는 낚시하는 것도 좋아하고 제주도에 가는 것을 좋아하는데, 자연이 파괴되면 낚시도 못 하고 제주 해변에서 놀지도 못할까 봐 걱정되는 거예요. 이 책이 환경오염으로 자연이 파괴된 세계를 너무 생생하게 상상하게 만들었던 것 같아요. 저는 제가 할 수 있는 일이 없을까 고민하기 시작했어요.

저는 많은 사람들에게 제가 느낀 두려움을 알려야 되겠다고 생각했고, 환경 캠페인을 해 보기로 결심했죠. 그때 저희 엄마가 일하셨던 곳에서는 매일 많은 양의 종이컵이 버려지고 있다는 걸 알게 됐어요.

책을 읽고 시작한 종이컵 재활용 프로젝트.

거기에서 아이디어를 얻어서 종이컵 재활용 캠페인을 시작했습니다. 혼자 하면 무서우니까 친구들도 설득해서요. 저희는 버려진 종이컵을 씻은 다음, 거기에 흙을 담고 씨앗을 심어서 근처 양재천으로 나갔어요. 포스터와 자료도 직접 만들었죠. "종이컵 사용을 줄여 주세요. 무심코 사용하는 종이컵 때문에 지구가 파괴되고 있어요."라고 말하면서 종이컵 화분을 사람들에게 나누어 주었어요. 사실 처음에는 말 걸기가 좀 창피했어요. 어른들이 어린 학생들이 하는 말이라고 관심을 안 가져 줄 것 같기도 했고요. 하지만 많은 분들이 즐거운 표정으로 종이컵 화분을 받아 가셨고 저희를 격려해 주셨어요. 결국 프로젝트는 대성공했죠.

사실 이 일은 책 한 권을 읽은 것에서부터 시작되었어요. 이전에도 환경 보호에 대한 이야기를 많이 듣기도 했고, 학교에서 배우기도 했지만, 그렇게 와닿지 않았었는데요. 책 한 권이 저를 상상하게 만들었고, 기후 문제를 걱정하게 만들었고, 행동하게 만든 거죠.

저를 행동하게 만든 책은 또 하나 있어요. 바로 구정화 작가의 『청소년을 위한 인권 에세이』라는 책인데요. 저는 이 책에서 '놀 권리'에 딱 꽂혔어요! 왜 그랬는지는 설명 안 해도 다 아시겠죠? 그때까지는 노는 것도 하나의 권리라는 생각을 해 본 적이 없었어요. 요즘 친구들은 놀고 싶어도 학원 다니느라 다 바쁘잖아요. 근데 우리에게 '놀 권리'가 있다는 사실을 알게 되니, 저와 제 친구들의 놀 권리를 지켜야겠다는 생각이 들었어요. 저는 학교에서 우리의 놀 권리를 보장해 줘야 한다고

생각했죠.

그래서 수업 시간표처럼 놀이 시간표를 짜기 시작했습니다. 그리고 제 계획을 담임선생님께 조심스럽게 말씀드리며 도움을 요청했죠. 제가 만들어 본 임시 시간표도 함께 건넸어요. 다행히 선생님께서는 흔쾌히 허락해 주셨고, 덕분에 저희 반에서는 놀이 프로젝트를 진행할 수 있게 되었어요. 학급회의 시간에 놀이 시간표를 만들어서 시간 맞춰 같이 노는 프로젝트였어요. 친구들 반응은 당연히 폭발적이었고, 저도 진짜 재밌었어요. 무엇보다도 우리가 스스로 우리들의 놀 권리를 찾기 위해 나섰던 결과였기 때문에 더 좋았습니다.

저는 책을 통해 다양한 세상을 만났고, 제가 속한 세상을 좀 더 정확하게 알게 되었어요. 막연하게만 느꼈던 환경 문제를 내 일처럼 느끼게 되었고, 저와 제 친구들이 가진 놀 권리에 대해 알게 됐던 것처럼요. 그 과정에서 저는 세상과 직접 소통하는 기분이 들었어요. 사실 저는 그저 힘없고 평범한 청소년이잖아요? 환경이니 인권이니 이런 것들은 제가 해결할 수 있는 문제는 아니라고 생각했었죠. 그런데 세상 밖으로 한 발자국 나서니 저의 약하고 작은 목소리도 누군가는 들어 준다는 걸 느꼈습니다. 조금 더 좋은 세상을 만드는 데 나도 작게나마 도움이 될 수 있다는 자신감이 생겼죠.

그때쯤이었을 거예요. 어느 날 갑자기 엄마가 저에게 팟캐스트를 해 보지 않겠냐고 하시는 거예요. 다들 아시는 것처럼 팟캐스트는 오디오 방송이잖아요? 제가 무슨 방송을……. 조금은 뜬금없다고 생각했어요. 그래도 저는 재미있게 한번 해 보자는 생각으로 같이 방송을 시작했어요. 저희 팟캐스트의 이름은 '그 집 아들 독서법'이고, 엄마와 제가 책을 소재로 함께 대화하는 방송이에요.

초반에는 방송 흐름이 흐지부지된 적도 많았어요. 지금 와서 제가 예전에 녹음한 방송을 들으면 얼굴이 빨개집니다. 그래서 저는 소금 너 체계적인 팟캐스트를 위해서 방송을 하기 전에 준비를 했어요. 방송할

팟캐스트 녹음 현장.

책이 정해지면 일단 그 책을 꼼꼼하게 읽는 건 기본이죠. 그리고 다시 책을 훑으면서 방송에서 말하고 싶은 부분에 포스트잇을 붙여요.

제게는 팟캐스트를 준비하는 공책이 따로 있는데요. 거기에 하고 싶은 이야기들을 적기도 합니다. 구구절절 대본을 쓰는 건 아니지만, 책의 어떤 부분에 대해 이야기하고 싶은지, 그 부분에 대해 내가 어떻게 생각했는지, 무엇이 궁금했는지 구체적으로 정리해 두지 않으면 방송을 만들기가 어렵더라고요.

사실 엄마나 저나 대단한 무언가를 바라고 팟캐스트를 시작한 건 아니었어요. 얼마나 할지 계획한 것도 아니고요. 솔직히 방송을 시작하기 전까지만 해도 한 달 정도 하고 그만둘 줄 알았거든요? 그런데 막상 시작하니까 엄마와 팟캐스트를 녹음하는 것이 점점 재미있어졌어요. 방송을 준비하면서 이번에는 이 책으로 무슨 이야기를 해 볼까, 기대하게 됐고요. 하나둘씩 댓글도 달리니까 왠지 책임감도 느껴지더라고요. 나 혼자 읽고 마는 게 아니라, 누군가 내 이야기를 듣는다고 생각하니까 책을 읽는 느낌도 좀 색달랐어요.

그렇게 한 편 두 편 팟캐스트를 계속하다 보니, '그 집 아들 독서법'은 어느덧 100회를 넘어섰습니다. 물론 지금도 방송을 계속하고 있고요. 최근에는 엄마가 우리의 팟캐스트 이야기를 담은 『그 집 아들 독서법』이라는 책을 쓰시기도 했는데요. 이벤트 코너로 저도 그 책에 제 경험담을 조금 싣기도 했습니다.

독서의 첫 기억부터 지금까지 제 독서를 한번 돌이켜 봤어요. 그런데 저 자신에게 의문점이 하나 생겼어요. '나는 왜 독서를 즐기게 되었을까?' 생각해 보니까 저의 독서에는 한 가지 키워드가 있었어요. 바로 '소통'이에요. 저는 책을 읽는 것에서 끝나지 않고, 그 책과 소통했어요. 책이 저에게 들려주는 이야기를 잘 듣고 적극적으로 대화하려고 노력했죠. 그 과정은 저를 세상과 소통하게 했어요. 세상의 다양한 문제에 대해 알게 됐고, 나의 역할을 고민했죠. 다른 사람들과도 소통했어요. 엄마와 친구, 더 나아가서는 제가 모르는 다른 사람까지도요. 책은 제게 소통하는 즐거움을 알려 주었고, 그 결과 저는 아직까지도 책 읽는 것을 즐기고 있습니다.

제게는 어렸을 때부터, 지금까지의 성장을 기록해 놓은 '성장 앨범'이 있습니다. 더 정확히 말하면 '소통 앨범'이라고도 할 수 있겠네요. 앨범을 펼쳐 보면 제가 어렸을 때 책을 읽었던 사진도 여럿 있고, 앞에서도 소개시켜 드린 놀이 프로젝트를 진행한 사진도 있습니다. 이 앨범은 아직 완성되지 않았어요. 앨범에 빈 공간이 여럿 있는데요. 이 공간들은 제가 앞으로 채워 나가야 할 부분입니다.

저는 독서를 즐기지 않는 아이였어요. 하지만 책을 읽고 소통하다 보니 어느덧 저도 독서에 흥미를 갖게 되었어요. 책에 나오는 인물과 소통하고, 엄마와도 소통하고 지금은 청취자분들과도 소통하고 있습니다. 저는 앞으로도 소통할 거예요. 제 소통 앨범을 계속해서 채우고 싶거든요. 그 과정에서 만나게 될 책들이, 책을 통해서 만나게 될 여러 사람들이, 소통이 저에게 가져다줄 모든 인연들이 저는 벌써 기대가 됩니다. 감사합니다. 지금까지 중학생 팟캐스트 진행자 박준서였습니다.

내일을 향한 한 걸음

몇 개월만 지나면 고등학생이 됩니다. 중학교의 마지막을 달리고 있다는 사실이 믿기지 않아요. 저는 요즘 중학교 생활을 즐기고 있습니다. 팟캐스트는 여전히 진행 중이고, 엄마뿐 아니라 친구, 동생들과도 책 이야기를 할 수 있는 기회를 만들려고 노력하고 있고요. 또 책을 읽다가 만나 뵙고 싶은 작가님이 있으면 메일을 보내 인터뷰 요청을 시도해 보기도 합니다.

최근에는 정부혁신제안 끝장토론대회에 신청한 어린이들을 대상으로 '탄소중립'이란 주제로 웨비나를 진행하기도 했습니다. 그 후 온라인으로 헌 옷을 재활용하여 에코백을 만드는 방법을 알려 주는 줌 수업도 도전해 보았습니다. 전부터 꾸준히 해 왔던 환경 운동을 적은 인원이라도 함께할 수 있어서 기분이 좋았습니다. 이처럼 저는 앞으로도 '지금 내가 할 수 있는 것'들을 조금씩 실천하며 남은 청소년 시기를 즐겁게 보내려고 합니다.

- '그 집 아들 독서법' 오디오클립 audioclip.naver.com/channels/3171
- 팟빵 podbbang.com

드론으로 바라본 세상

· 드론 촬영감독 윤남걸 ·

15세, 난생처음 출전한
'드론 페스티벌 in 울산'에서 우승(2017년).

2017년   드론페스티벌 in 울산 금상
2018년   KBS 울산의 유산 UCC 공모전 입상
         무인 멀티콥터(드론) 조종자 자격증 취득
2019년   자유학기제 수업콘서트 특강
         세종정부청사 특강
         글로벌 인재포럼 특강
         전국 시도교육청 자유학기 담당 과장 워크숍 특강
2020년   충청북도 교육청 자유학년제 학교 관리자 특강
         EBS 틴스피치 강의
         제천 의림여자중학교 특강
         대한민국 인재상 수상
2021년   제천 의림여자중학교 특강
         충북 노은중학교 특강

안녕하세요. 이제는 '드론'을 모르는 분, 잘 없을 것이라고 생각합니다. 저는 이 드론과 함께 미래를 만들고, 그 꿈을 이루어 나가고 있는 드론 촬영감독 윤남걸이라고 합니다.

저는 중학교 2학년 때, 우연히 하늘을 날아다니는 드론을 처음 접하게 됐습니다. 사실 저는 컴퓨터 게임을 좋아하는 지극히 평범한 학생이었어요. 부모님과 같이 마트에 갔을 때였는데요. 그날도 평소와 마찬가지로, 완구 코너로 가서 구경을 하고 있었습니다.

그런데 뭔가 생소한 물건이 운명처럼 눈에 들어오는 거예요. 거미다리 같기도 하고 SF영화에서나 나올 것 같은 외계 생명체 같기도 했어요. 그런데 그게 하늘을 날아다닌다기에 엄청 흥미를 느꼈어요. 내가 조종하는 즉시 원하는 방향으로 이동하면서 날아다니는 드론은 단번에 저의 관심을 사로잡았죠. 하지만 워낙 여러 가지에 흥미를 가질 때라,

단순한 호기심으로 끝날 수도 있었을 거예요. 그런데 당시 학교에서는 자유학기제 수업을 진행하고 있었습니다. 그리고 거기에 마침 드론 수업이 있었고요. 그래서 저는 본격적으로 드론 수업을 들으면서 드론을 배우게 됐고, 저와 드론의 인연은 그렇게 시작되었습니다.

운명처럼 다가온 드론의 매력에 흠뻑 빠져서, 정말 밤낮없이 열심히 드론을 연습했어요. 그러다 드론을 배우게 된 지 얼마 되지 않았을 때 처음으로 드론 대회에 출전하게 됐습니다. 그땐 단지 어떤 드론이 있는지, 다른 선수들은 어떤 드론을 어떻게 사용하는지 좋은 경험이 될 것 같아 출전을 결심했습니다. 그래도 제 성격상, 이왕 할 거면 제대로, 그리고 후회 없이 준비해 보자는 생각이 들었어요. 그런데 당시 저한테는 대회에서 사용하는 전문가용 드론이 없었어요. 대신 가지고 있던 완구용 드론으로 마치 저와 드론이 한 몸이 될 때까지 준비하고 또 준비했습니다.

그런데 완구용 드론이라 한계가 많았어요. 균형을 자동으로 잡는 기능도 없었고 성능 면에서 확실히 뒤떨어질 수밖에 없었죠. 그래서 이 부족한 부분을 제 노력과 연습으로 채워야겠다고 생각했습니다. 밥도 안 먹었고요. 그렇게 좋아하던 TV 프로그램과 컴퓨터 게임도 그때만큼은 눈에 들어오지도 않더라고요. 지금 생각하면 정말 드론에 '미쳤다'라는 표현이 딱 맞는 것 같아요. 학교를 마치고 드론 연습을 시작하면 그 다음 날이 돼서야 연습을 마쳤을 정도였거든요. 그렇게 열심히 준비하고,

대회 당일 약속된 장소로 갔더니 드론 협회 관계자분들을 비롯해 드론 학원 선생님들까지 진짜 쟁쟁한 분들이 참가했더라고요. 그리고 저는 그날 처음으로 대회를 위해 준비된 전문가용 드론을 만져 봤고요. 이제 드론을 배운 지 한 달 정도 된 학생이, 게다가 난생처음 전문가용 드론을 만져 본 학생이 대회에서 1등을 할 가능성이 얼마나 될까요?

드론으로 내로라하는 분들이 모이기도 했고, 저는 아직 실력이 미숙했기 때문에 최대한 침착하게 경기에 집중했어요. 대회가 토너먼트로 진행됐는데, 계속 다음 경기에 진출하게 됐고, 마침내 결승전까지 가게 됐어요.

그리고 마지막까지 집중의 끈을 놓지 않았고, 난생처음으로 출전한 드론 대회에서 영광스럽게도 무려 '우승'을 차지하게 됐습니다. '너무 극적인 거 아니냐, 원래 소질이 있었던 것 아니냐.' 이런 생각을 하실 수도 있을 텐데요. 완구용 드론밖에 없었던 제 불리한 조건이 오히려 우승하는 데 큰 도움이 됐던 건 아닐까 싶더라고요. 완구용 드론으로 가장 기본 기술인 '호버링'이라는 기술을 열심히 연마했는데요. 호버링이란 바람이 불어도 흔들리지 않고 제자리에 서 있는 정지 비행 기술이에요. 그게 대회에서 아주 빛을 발했거든요. 그동안의 제 노력이 배가 되어 돌아오는 정말 감사한 경험이었습니다. 드론 조종에 자신감이 생긴 건 덤이고요.

그런데 드론 조종에 자신감이 붙으니, 한 가지 목표가 더 생겼어요. 요즘에 드론 촬영을 많이들 하잖아요. 드론을 비행하면서 화면으로 보는 하늘의 모습은 정말 환상적이에요. 제가 보고 있는 세상이 아닌, 하늘에서 새로운 각도로 보여 주는 그 세상은 저에게 너무나 매력적으로 다가왔습니다.

그런데 이렇게 영상을 찍다 보니까 문득 한 가지 좋은 아이디어가 떠올랐어요. 바로 '단체 사진'이었는데요. 초·중·고등학교 생활을 하면, 매년 반 단체 사진을 촬영하죠? 그런데 저는 매년 똑같은 방식으로 딱딱하게 굳은 채로 촬영하는 단체 사진이 과연 기억에 남을지, 진짜로 우리의 추억이 되는 건지 의문이 들었어요. "우리만의 추억을 남길 수 있는 사진을 찍을 수 있는 방법은 없을까?" 하고 고민하게 됐죠.

그러다가 제가 드론 촬영과 영상 편집을 할 수 있으니, 이걸 친구들과 같이 공유하고 나누면 정말 특별한 추억이 될 수 있겠다 싶었습니다. 다행히 선생님과 친구들도 너무 좋아했고요. 그래서 중학교 3학년 때, 저희 반 친구들과 교정의 예쁜 잔디 구장 위에서 드론으로 추억에 남는 사진을 촬영했습니다.

어때요? 잘 촬영한 것 같나요? 저는 지금까지 드론을 하면서 정말 많은 사진과 영상을 찍었어요. 그런데 그중에서 제일 잘 찍었던 사진이 무엇인지 물어보면 항상 이 사진을 보여 드리곤 한답니다. 드론을 시작하길 잘했다는 생각이 드는 사진이기도 하고요.

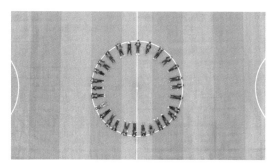

윤남걸 학생이 중학교 3학년 때 드론으로 찍은 단체 사진.

이외에도 학창시절의 꽃이라 할 수 있는 체육대회와 축제 같은 각종 학교 행사 역시 드론으로 촬영해서 간직하고 있어요. 그날의 기분뿐만 아니라 친구들의 표정, 학교 생활의 추억까지 생생하게 담겨 있는 사진들은 제 보물 중 하나입니다. 아주 많은 시간이 흐른 뒤에 이 영상을 봐도 그때의 그 기억들이 생생하게 되살아날 것 같다는 생각도 들고요. 제가 가진 작은 재능으로 촬영한 이 사진들이, 친구들에게도 특별한 추억으로 남았길 바랄 뿐입니다.

저는 드론을 통해 몰랐던 세상에 눈을 뜨게 된 것 같아요. 전에 생각지도 않았던 '드론 촬영 감독'이란 일을 하면서 제 진로도 바뀌었고, 인생이 새로운 방향으로 전환된 느낌이에요. 친구들과 만나 노는 시간도

줄어들게 됐고요. 또 그렇게 좋아하던 게임도 지금은 잘 안 합니다. 대신 그 빈자리를 드론이 채워 주고 있죠.

평일에는 학교를 열심히 다니지만, 주말에는 드론 웨딩 촬영을 하는 등 저의 시간은 드론으로 빼곡하게 채워져 있습니다. 드론은 제게 쉬지 않고 열심히 살아갈 수 있는 원동력을 선물해 주었다고 생각합니다.

드론을 통해 보는 세상의 아름다움과 내가 좋아하는 일의 아름다움

그리고 무엇보다도 드론을 시작하게 되면서 제가 느낀 가장 큰 변화는 이거예요. 드론을 띄워 바라보는 세상은 정말 멋있어요. 내가 새가 된 것 같기도 하고, 비행기에 타고 있는 것 같은 느낌도 들고요. 제가 만약 드론을 접하지 않았다면 알 수 없었을 시야에서 세상을 바라보게 된 거죠. 분명 같은 세상인데도, '어디서 바라보느냐' 하는 시각의 차이가 크다는 걸 깨닫게 됐어요. 이처럼 세상을 바라보는 눈이 달라지면서 동시에 성공을 바라보는 기준도 바뀌게 되었어요.

한 가지 질문을 드려 볼게요. 제가 공부를 잘할 것 같나요? 솔직하게 말해서 전 공부는 못해요. 그런데도 주위에서 저를 보면 항상 이런 질문을 하시더라고요.

"남걸이 반에서 몇 등 하니?", "남걸이는 대학교 어디 갈 거야?" 아마

대한민국 고등학생이라면 이런 질문을 안 들어 보신 분이 없을 겁니다. 제가 밤새워서 공부할 수 있을까요? 수학 경시대회를 위해 밤낮없이 준비할 수 있을까요? 그리고 그렇다고 한들, 제가 지금처럼 행복한 삶을 살고 있을까요? 사실 저는 중학교 1학년 첫 시험에서 낮은 점수를 받으면서 공부에 대한 자신감을 크게 잃었던 적이 있어요. 그리고 그 이후에 우연히 드론을 만나게 되면서 자신감을 되찾게 됐고요. 덕분에 지금 이 무대에서도 떨지 않고 강연을 할 수 있는 거라고 생각합니다.

만약 저를 학교 성적으로 줄을 쭉 세운다고 하면, 저는 앞에 있는 친구들의 뒷모습만 바라봐야 할 거예요. 하지만 시각을 조금 바꿔 볼게요. 드론을 하늘 위로 띄워서 학생들을 내려다보면 모두 똑같은 모습이겠죠? 흔히들 말하는 성공의 기준을 떠올려 본다면, '좋은 성적', '명문대 진학', '대기업 취업' 혹은 '돈 많이 버는 것', 뭐 이런 것들이 있을 수 있을 거예요. 하지만 여기서도 시각을 조금만 바꿔 보고 싶습니다. 자신이 좋아하는 일, 잘하는 일을 하는 것도 새로운 성공의 기준이 아닐까요?

지금까지 좋아하는 일을 하며 드론과 함께 꿈을 이루어 나가는 윤남걸이었습니다. 감사합니다.

저는 방송 이후에 2020년 목표였던 대한민국 인재상을 수상했습니다. 수상을 통해 '새로운 시대의 성공은 좋아하는 일을 잘하는 것'이라는 저의 생각이 헛되지 않았다는 확신을 가지게 되었습니다.

2021년에는 저의 목표인 드론 전문가, 드론 경찰 공무원이 되기 위하여 노력할 것입니다. 또한 드론이 필요한 모든 현장에서 활동하며 비가 올 때도 수색을 할 수 있는 드론을 연구하는 등 드론을 더욱 열심히 공부하여 제가 가진 능력을 사회에 기여하도록 드론 분야 최고의 전문가가 되겠습니다!

참고하면 좋을 사이트

• 대한드론진흥협회 kodpa.or.kr
• 사단법인 한국드론협회 home.kdaa.org

웹툰으로 그린
제주 이야기

· 제주를 그리는 웹툰 작가 김나연 ·

17세, 제주웹툰캠퍼스 공모전에 참가해 동상을 수상(2017년).
18세, 제주를 배경으로 한 창작 오페라 〈해녀〉를 웹툰으로 그림(2020년).

2016년 제17회 전국청소년 4.3 문예공모 웹툰부문 대상
2017년 제18회 전국청소년 4.3 문예공모 대상
2018년 제19회 전국청소년 4.3 문예공모 대상
2019년 제20회 전국청소년 4.3 문예공모 대상
        제주웹툰공모전 동상

시작하기에 앞서 혹시 웹툰을 보시는 분이 계신다면 손 한번 들어 주실 수 있나요? 제가 말씀드릴 것들이 웹툰과 관련되어 있어서 질문드렸습니다.

안녕하세요! 저는 제주를 그리는 웹툰 작가, 김나연입니다. 그냥 그림을 그리는 학생이나 작가 지망생이라고 할 수 있는데, 왜 작가라고 소개했을까 궁금해하실 수도 있는데요. 저는 학생이자 청소년이고, 또 어떤 곳에서는 작가라고도 불리고도 있습니다.

고등학교에 입학할 때부터 저는 늘 '학생과 작가라는 이름이 공존할 수 있을까?', '내가 과연 학생 수준이 아니라 작가의 수준에 머무를 수 있는 사람일까?'를 생각하며 저에 대한 시각을 조금 정리하고 싶었어요. 나이와 직업에 상관없이 실력만 있다면 작가가 될 수 있다고 생각했고, 한편으로는 인정을 받고 싶은 욕심도 있었죠.

그 생각이 아주 복잡하게 이어지던 고등학교 1학년, 제주도의 대중 문화예술을 책임져 줄 웹툰 전문 지원센터 '제주웹툰캠퍼스'가 신설됩 니다. '드디어 이 제주도에도 문화 시설이 더 생기긴 하는구나. 그런데 공모전도 연다고?' 이런 생각을 하던 저는 당장 집에 돌아가서 어떤 웹 툰을 그릴지부터 생각했어요. 속전속결로 좋은 소식부터 전해 드리자 면, 저는 공모전에서 당당하게 동상을 받았습니다.

좋아하는 공방을 배경으로 한 작품으로
공모전 입상

평소에 저는 그림 말고도 영상이나 연극, 인테리어까지 다양한 부분에 관심을 두고 있었어요. 그중에서 아기자기한 소품을 만드는 공방을 되 게 좋아했는데, 또 저와 제 친구의 취미가 제주도민이 하는 제주여행이 었거든요. 저 멀리 함덕 해수욕장도 가 보고, 조천에 맛집을 찾으러 가 기도 했어요. 그러면서 제주도 곳곳에 있는 제주를 담은 예쁜 소품을 파 는 공방을 방문했었어요.

그런 공방을 소재로 〈주애도 공방〉이라는 작품을 완성하게 되었습 니다. 도민이든 육지 사람이든 간에 제주도에서 편안한 휴식을 가질 수 있음을 표현한 작품이었어요. 제 경험과 기대를 바탕으로 만든 단편이 다 보니 읽으시는 분들이 작품을 보는 것으로 간접석으로도 힐링할 수

김나연 학생이 그린 웹툰 〈주애도 공방〉. ⓒEBS

있게끔 하고자 노력했어요.

　그리고 시상식에서는 저는 잊지 못할 경험을 하나 더 쌓게 되었어요. 학교에 다니고, 학생 신분이다 보니 어디서나 저를 부를 땐 "학생~"이라고 하고 학교에선 "2학년 6반 6번", 친근한 분이시라면 저를 "나연아~", "김나연~" 하고 부르시고는 하는데요. 그날 제 이름 옆에는 이런 단어가 붙었습니다. "김나연 작가님!"

　그날 시상식에서는 모두가 저와 동등한 눈에서 작품을 봐 주셨고, 다른 사람들과 다르지 않은 선상에 섰고, 모두가 저를 작가라고 부르더라고요. 사실 맨 처음에 작가라고 당당하게 소개드렸지만 아직도 작가라는 말을 들으면 가장 놀라는 사람은 바로 저 자신입니다. 아직은 익숙지 않은 것 같지만, 들을 때마다 기분 좋은 단어인 것도 같아요.

이후 제주웹툰캠퍼스 홈페이지에 지원 작가의 이름으로 프로필과 함께 작품이 업로드되었습니다. 아직 검색 포털에 뜨진 않았지만 저의 작가 프로필은 분명 존재하는 거죠. 그리고 안심했어요. 지난 시간 동안 그림을 그려 오면서, 글을 쓰고, 연출에 관심을 두면서 결국 작가의 이름을 가질 수 있는 사람이 되었구나, 하고요. 정말 뿌듯한 일이었죠. 고등학교 1학년 때는 성적보다 작가로서 작품에 더 집중했어요. 지금 와서는 성적표를 보며 살짝 후회하고 있긴 하지만, 정말 열심히 작업했고. 답을 찾은 것 같아서 만족했어요.

'아, 다 했다. 나 이제 만족했으니까 괜찮아. 2년 뒤에 수능 끝나자마자 다시 만화 그려야지. 이제는 공부만 할 때가 됐다.'라고 생각하면서 만화에 대한 욕심은 살짝 접어 두자고 생각했어요. 왜? 나는 학생이니까……. 그런데 이런 생각을 하기 직전까지 저는 매일 그림을 그리던 아이였어요. 모두 공감하실 수 있겠지만 무언가를 끊는다는 것은 정말 힘든 일이거든요.

다들 취미 하나씩 가지고 계신가요? 만약 재미있는 영상을 보는 게 좋다면 한 영상만 더 보자고, 노래방을 좋아하신다면 딱 한 곡만 더 부르고 싶다고 생각하셨을 때가 있을지도 모르겠네요.

저한테는 만화가 취미 생활이었어요. 어느 날은 갑자기 바다에 꽂히기도 했어요. "아! 바다가 그리고 싶다! 파도가 치는 만화를 그리고 싶다." 아무래도 바다와 가까운 곳에서 지내다 보니 바다에 가는 일이 잦았어요. 야자가 끝난 늦은 밤에 바람이 거센데도 밤바다를 구경하기도 했고, 친구 생일이면 바닷가에 가기도 했고, 그냥 이유 없이 걷다가 도착한 곳에 바다가 보이기도 했어요. 제주도에선 바다와 멀어져도 땅은 높아지니까 미세먼지만 적다면 어디서든 바다는 늘 보였거든요.

그런데 이러한 경험들이 제주에 살고 있지 않은 많은 사람들은 겪어보지 못한 일이란 걸 생각하게 되니까 이 제주만의 이야기를, 이 아름다움을 만화로 표현하고 싶어졌어요. 바다가 내 추억이고 일상이 되기도 하니까, 그냥 바다를 그리면 재밌을 것 같았어요. 그래도 참자. 왜? 나는 이제 고등학교 2학년이니까……. 하지만, 그림 그리고 싶다!

최초의 의뢰, 창작 오페라 〈해녀〉

이러한 생각 속에 있던 차였는데, 저의 프로필을 본 누군가에게서 한 통의 메일이 왔습니다.

"사단법인 오페라인제주입니다. 작년에 초연된 창작 오페라 〈해녀〉를 웹툰으로 스토리 홍보를 하고 싶어 문의드립니다."

이 메일은 바로 작가로서 김나연에게 주어진 첫 번째 비즈니스적인 제안이었죠. 이렇게 엄청난 기회가 내게 찾아왔다는 것이 얼마나 기뻤는지 몰라요. 주제가 해녀다 보니 제가 그리고 싶던 바다도, 파도도 마음껏 그릴 수 있었어요.

창작 오페라 〈해녀〉는 남편을 잃고 혼자 자식 둘을 키워 가는 상군 해녀 미주를 주인공으로 합니다. 악착같이 살아가던 주인공은 바다에 더 오래, 깊게 있기 위해 배에 돌덩이를 매달고 물질을 하다가 바다에서 목숨을 잃고 마는데요. 그런 미주가 해녀로서 바닷속에 잠길 수밖에 없던 이유, 다른 등장인물들이 가진 해녀에 대한 생각들을 담았어요.

이러한 내용으로 감정을 대사와 음악으로 이어 가는 오페라의 대본을 제가 웹툰으로 작업하게 된 겁니다. 작가로서 첫 번째 일이었기 때문에 작품 해석에 되게 신경을 썼어요. 등장인물은 왜 이런 대사를 했고, 이 노래에 어떤 감정을 담아 부를까? 어떻게 표현하면 좋을까? 그렇게

김나연 학생이 '사단법인 오페라인제주'와 협업해 그린 창작 오페라 웹툰 〈해녀〉. ⓒEBS

고민하다가 와닿은 노래 구절이 있는데요. 바로 이렇습니다.

"반짝이는 귤나무 아래 찬란한 유채꽃 위로, 바닷바람 부는 제주. 어쩌다 제주도는 육지 사람들의 환상의 섬이 되었는고. 제주의 돌멩이처럼 검게 숭숭 뚫어져 버린 이 몸뚱이. 하지만 바다와 함께 살아온 한평생. 저승 앞바다에서 품을 팔아 이승 식구들의 밥상을 차리고."

해녀가 단순히 보이는 이미지뿐만이 아니라 많은 것을 품고 있다는 것을 아주 잘 보여 주는 구절이죠? 물질이 한 사람의 인생이면서 동시에 제주의 일부분을 대변할 수도 있음을 오랫동안 고뇌하며 만들어진 대사 같아 마음에 깊게 남았었어요. 이 홍보 웹툰 작업을 끝낸 후 제작 발표회에도 참가했었는데, 여러 신문사에서 저에 대한 이야기를 덧붙여 주셨고, 그렇게 좋은 기회가 흘러 몇 달 전에 다큐멘터리를 촬영하기도 했어요.

그러면서 실제로 해녀업에 오랫동안 종사하신 분과 인터뷰를 하게 되었는데 관광객이 와서 늘 같은 것을 물어본다고 말씀하셨던 것이 기억나요. 웹툰을 작업하는 당시에도 많은 생각이 있었지만 지금은 더욱더 많은 생각이 교차하게 됐어요. 제주도가 관광의 이미지가 많다 보니까 상업적인 프레임이 씌워져 어떤 것은 극히 미화되기만 한 건 아닐까? 반면에 어떤 것은 아예 이야기되지 않았던 건 아닐까? 그런 이야기들이 제주도에 많지는 않을까? 진짜 제주 사람들은 무엇을 보고 싶고, 무엇을 얘기하고 싶을까?

사실 제주도는 문화 불모지라고도 불려요. 제주도민이시라면 조금 공감하실 수도 있는데요. 제주도에서 즐길 수 있는 공연이나 예술 문화가 다른 지역에 비해서는 너무 적습니다. 그래서 저는 얼른 육지에 가서 많은 작품을 봐야지, 이런 생각만 했었어요. 그런데 제주웹툰공모전을 준비하며, 창작 오페라 해녀의 홍보 웹툰을 작업하면서 다시 생각해 보게 됐죠. 왜 이렇게 제주에 대한 목소리가 적을까? 제주도에서 보여 주는 예술은 계속 적을까?

제가 중학교 1학년 때부터 매년 참가해 온 학생 공모전이 있는데, 바로 제주 4.3 문예공모입니다. 만화부문에 출품해서 4년 동안 연속으로 대상을 받기도 했었는데요.

여러분은 제주 4.3 사건을 무엇이라고 생각하시나요? 작년에 학교에서 수학여행을 갔는데, 자유 탐사가 있는 날이 마침 4월 3일이었어요. 그리고 그날은 대한민국 정부 100주년 행사가 광화문에서 열렸고 그 옆에 제주 4.3사건 추모 공간이 마련되어 있었죠. 그곳에 향을 피우고 헌화를 했던 것이 처음으로 4월 3일 당일에 추모할 수 있는 기회였어요. 늘 4월 3일은 등교해야 했으니까 추모식에 참석하거나 정식으로 방송을 볼 수 있는 기회가 적었거든요.

4월 3일에 얽힌 이야기를 얼마나 많은 사람이 알고 있을까? 제주도민이 아닌 사람 중에 많은 이들이 잘 알고 있을까? 우리 학생들은 학교마다 4월 3일 추모 주간을 갖고 관련 교육을 받지만, 왜 계속해서 같은 것만을 보며 같은 생각만을 할 수밖에 없을까?

제주에 대한 이야기는 아직 적고, 그걸 만들어 갈 작가는 더욱 적습니다. 몇 년 뒤에는 상황이 바뀔 수도 있지만 저는 이런 상황을 바꾸고 제주도를 창작의 공간으로 변화시켜 문화 불모지인 제주도를 문화의 중심으로 만들고 싶은 욕심이 있어요.

물론 저 혼자만의 힘으로는 부족하죠. 하지만 그 속 일원이 되고 싶다는 마음이에요. 우선은 제주도의 역사, 문화, 이렇게 많은 소재를 신중하고 진지한 마음으로 바라보며 즐겁게, 대중이 향유할 수 있는 웹툰으로 만드는 것. 그게 지금은 저의 꿈이라고 할 수 있을 것 같아요. 아무리 나이가 들어도 계속해서 저는 만화를 그리고 있을 것 같고, 실제로도 '이제 성적을 챙길 때야!'라고 속으로 생각하면서도 계속 그림을 그리고 있으니까요.

작가라고 불릴 때도 있지만 저는 아직 청소년이고 많은 것을 배워 가는 단계에 있습니다. 시험 성적, 매일매일 올라오는 SNS 소식, 친구들 사정까지 많은 것들에 관심을 두고 있는 이 시기에 편협한 시각에 갇히지 않으면서 제 가치관을 정립하고, 세상을 알아 가며, 그보다 올바르게 웹툰으로 제 생각을 전할 수 있길 바라고 있습니다. 그때에는 연재 작가의 이름으로 여러분을 만나 뵙고 싶습니다.

지금까지 제주를 그리는 웹툰 작가 김나연이었습니다. 감사합니다.

내일을 향한 한 걸음

대학교 진학과 별개로 계속해서 작품 활동을 이어 갈 예정입니다. 고3 시기를 끝내면 학업으로 인해 올해는 진행하지 못했던 외주 활동도 다시 병행할 예정입니다.

참고하면 좋을 사이트

· 제주웹툰캠퍼스 webtoonjeju.kr
· 한국만화영상진흥원 komacon.kr
· 한국웹툰산업협회 kwia.or.kr
· 공모전 대외활동-위비티 wevity.com
· 씽굿-대한민국 대표 공모전 미디어 thinkcontest.com

제 차는
'덕후 에너지'로 달립니다

· 자동차 덕후 박재현 ·

15세, 혼자서 경주용 카트를 제작(2018년).
17세, 최고 시속 100킬로미터에 달하는
경주용 차량 '크로스카트'를 제작(2020년).

2016년 부모님이 사 주신 100만 원짜리 카트로 엔진 연구를 시작.

2018년 용접기를 사용해 첫 카트를 제작.

2019년 12월부터 3개월 동안 작업해 시속 100킬로미터로 달리는 자동차
        '크로스카트'를 제작하는 데 성공.

안녕하세요. 제가 자동차를 타고 나와서 깜짝 놀라셨죠? 저는 춘천에서 온 박재현이라고 합니다.

여러분에게 먼저 강연장에 동행해 준 제 애마를 소개할까 합니다. 미니 카트인데요. 한마디로 작은 자동차입니다. 어떤가요? 정말 귀엽지 않나요?

이 자동차는 제가 처음으로 직접 설계하고 만든 자동차입니다. 그리 대단해 보이진 않지만, 이 작은 자동차는 제 꿈을 향해 가는 첫 단추라고 할 수 있습니다. 저는 자동차에 살고 자동차에 죽는 자동차 덕후! '카덕'입니다. 제 꿈은 자동차 회사 설립자가 되는 건데요. 자동차로 세상을 바꾸고 싶은 덕후 이야기, 지금부터 들어 보실래요?

여러분에겐 덕후란 말이 긍정적으로 느껴지시나요? 아니면 부정적으로 느껴지시나요? 그동안 덕후라고 하면 집 안에 틀어박혀 취미 생활

박재현 학생이 직접 만든 자동차. ©EBS

에만 심취한 사회성 부족한 사람을 일컬었는데요. 어린 시절부터 자동차 덕후였던 저에게도 이런 편견의 시각들이 있었습니다. '자동차에 빠져 공부는 뒷전이지 않을까'란 편견이었죠.

사실 저의 자동차 사랑은 세 살 때로 거슬러 올라갑니다. 부모님 말씀에 의하면, 세 살 때부터 바깥에 다니는 자동차 브랜드와 기종을 외우고 자동차 서적은 너덜너덜해질 때까지 읽고 또 읽었대요. 이미 어린 시절부터 자동차 덕후 기질이 있었던 거죠. 그런데 저의 자동차 사랑이 깊어질수록 부모님의 걱정도 늘어났습니다. 공부는 항상 뒷전이고, 자동차와 오토바이 만들기에 여념이 없으니까요. 부모님께서는 분명 염려가 되셨을 겁니다. 그런데 제가 자동차 덕후가 된 것이 정말 잘못된 일일까요?

제가 소개하고 싶은 두 대표님이 있는데요. 김관훈 대표와 김성완 대표입니다. 이분들의 공통점은 뭘까요? 맞습니다. 덕후들이죠. 그런데 그냥 덕후가 아닙니다. 자신이 좋아하는 취미가 직업이 된, '덕업일치'로 성공한 분들입니다.

김관훈 대표는 많은 사람들이 좋아하는 유명 떡볶이 프랜차이즈 사장인데요. 매주 한 번은 반드시 떡볶이를 먹었던 떡볶이 덕후였습니다. 그 후 떡볶이 동호회를 만들었고, 떡볶이 탐구를 시작했다는데요. 전국 약 3,000개에 달하는 떡볶이 집의 맛과 레시피를 분석할 정도로 열성을 다했습니다. 결국 2011년 다니던 대기업을 그만두고 떡볶이 가게를 창업했는데요. 지금은 떡볶이 세계화를 꿈꾸는 CEO가 됐습니다.

김성완 대표의 이력도 참 특이합니다. 전 세계 16명만 있다는 한국 최초 레고 전문 작가인데요. 어떤 매뉴얼도 없이 레고 부품만으로 상상을 현실로 재현한 작품을 만듭니다. 레고 끝판왕이라는 별명처럼 장장 6개월간 8만 개의 레고 조각으로 영화 〈스타워즈〉의 우주 전투 장면을 구현해 내기도 했고요. 영화 〈엔드게임〉의 전투 장면을 완벽히 구현해 해외에서 큰 주목을 받았었죠. 자신이 쌓은 지식과 경험을 데이터베이스로 만들어 무료로 제공해 주고 있다는데요. 그 역시 덕업일치를 실천해 자신만의 레고 제작 회사를 창업해 꿈을 이뤘습니다.

자, 어떤가요? 이 분들의 이야기를 듣고 나니 덕후에 대한 생각이 조금 달라지셨나요? 사실 이분들처럼 대단하진 않지만 저도 자동차를 애

정하는 덕후입니다. 어린 시절부터 바퀴 달린 기계를 좋아해서 자동차 회사 사장님이 되고 싶다는 꿈을 키우기 시작했습니다.

직접 만들고 싶다는 의지
_덕후에서 제작자로

그러다 초등학생 때 우연히 1인용 자동차인 '카트'를 알게 됐는데요. '어라, 이 정도는 나도 만들 수 있겠는데?' 싶더라고요. 제 나름대로 자동차 설계도 그리고 자동차를 만들 재료도 알아보기 시작했습니다. 근데 아는 것도 너무 없고, 무슨 재료를 써야 하는지도 몰라서 저의 첫 카트 제작 도전기는 시작 단계에서 무너지고 말았죠.

대신 스티로폼과 재활용품으로 자동차를 만들어 아쉬움을 달랬습니다. 하지만 저는 결코 미련을 버릴 수가 없었습니다. 움직이는 자동차를 만들고 싶다는 열망이 가라앉지 않았습니다. 초등학교 6학년이 되자 카트를 사 달라며 부모님을 졸랐습니다. 평범한 가정 형편에 100만 원이 넘는 카트는 부담이었죠. 그러나 식을 줄 모르는 제 의지에 결국 어머니는 거금을 투자해 주셨습니다.

사실 이때 어머니의 과감한 결정이 아니었다면 수제 자동차 개발자 박재현은 이 자리에 없었을지도 모릅니다. 그 중국산 카트가 자동차의 기본 구조와 엔진을 연구하는 데 큰 토대가 되었기 때문입니다. 하지만 저는 남이 만들어 놓은 자동차를 연구하는 것에 만족하지 않았습니다.

열다섯 살이 되자 진짜 나만의 자동차를 개발하고 싶어졌습니다. 주머니 사정이 넉넉지 않은 제가 자동차를 만들기 위해서 친해진 곳이 바로 고물상이었습니다. 동네에 단골 고물상이 있는데요. 버려진 엔진이나 부품 등을 아주 저렴한 가격에 구했습니다. 처음에는 공구가 없어서 톱으로 쇠파이프를 잘라 가며 작업했습니다. 하지만 일일이 톱으로 자르고 붙이는 일이 만만치 않았죠. 그래서 그라인더를 사기로 결심했습니다. 위험한 기계이다 보니 용접 방법을 혼자 공부해 스스로 사용법을 터득하고, 안전 수칙도 익혔습니다.

그리고 2018년에 그동안 모은 용돈으로 저렴한 용접기를 장만했습니다. 용접기를 장만할 때는 당장 자동차 한 대는 거뜬히 만들 수 있을 것처럼 자신감이 마구 솟구쳤는데요. 그러나 당연하게도 용접기가 모든 문제를 해결해 주진 않았습니다. 총 세 대의 미니 자동차 만들기에 도전했지만 모두 실패로 끝났고, 그나마 마지막에 만든 미니 바이크는 굴러가긴 했지만 사람이 걷는 속도보다 느렸으니까 사실상 실패한 거나 다름이 없었습니다. '뭐가 문제일까?' 곰곰이 생각해 봤죠. 그랬더니 실패의 원인이 보였습니다. 의욕만 앞설 뿐, 제가 아는 게 너무 없다는 거였습니다.

그래서 자동차의 구동 원리에 대한 정보를 찾아보기 시작했습니다. 저희 집 앞에 강원대학교가 있는데요. 학교만 끝나면 대학 도서관에 가서 자동차 관련 전공 책들을 찾아봤습니다. 그뿐 아니라 자동차를 조립하는 과정을 보여 주는 외국 동영상도 많이 찾아봤습니다. 책으로 이론을 공부했다면, 해외 동영상을 통해 자동차를 조립하는 실전을 간접 경험한 거죠. 그렇게 공부를 한 다음, 네 번째 자동차 제작에 도전했습니다. 이번에는 욕심을 부리지 않고 구동 시스템을 구축하는 데만 집중하기로 했습니다.

자신의 차고에서 엔진부터 연구했던 차근차근 자동차 왕 헨리 포드* 처럼요. 동네 카트장에 가서 고장 난 카트의 프레임을 얻었습니다. 나머지 부품들은 제 나름대로 다시 제작했습니다. 결과가 궁금하시죠? 그동안 이론과 실전에 대한 지식을 쌓아서 그런지, 네 번째 도전 작은 저의 첫 성공작이 됐습니다.

제가 한 달 만에 완성한 저의 첫 차가 바로 이 차입니다. 여러분이 보시기엔 좀 어설퍼 보일 수도 있지만, 성능은 꽤 좋은 편입니다. 사실 일반적으로 카트 속도가 그렇게 빠르진 않습니다. 하지만 제가 만든 카트는 발전기 엔진임에도 불구하고 최고 속도가 시속 70킬로미터까지 나옵니다. 6.5마력의 엔진에 더 큰 기화기를 달아서 연료와 공기가 많이 들어가게 만들었고, 엔진 내부 부품도 회전 속도가 높아지게 바꿔서 최대 9마력까지 엔진의 힘을 끌어올렸습니다. 그리고 스쿠터나 차량에 들

---

* 헨리 포드(Henry Ford): '자동차 왕'으로 불리는 미국의 자동차 회사 '포드'의 창설자로 자동차를 대중화하는 데 기여했다.

박재현 학생이 처음으로 만든 카트. ©EBS

어가는 CVT트랜스미션이라는 변속기를 달아서 출발할 때 로켓처럼 튀어 나갈 수 있게 만들었습니다.

물론 아직 도로에서 탈 수는 없는 자동차라 공터에서만 탈 수 있어서 몇 번 시승해 보지는 못했습니다. 그렇지만 이 차 제작에 성공하면서 더 잘 만들 수 있겠다는 확신이 생겼죠. 자동차 구동 원리를 확실히 익히고 나니까 차체부터 부품까지 온전하게 내 자동차를 한번 만들어 보고 싶어졌습니다. 이 자동차는 그야말로 저의 역작이라고 할 수 있는 '크로스 카트'라는 경주용 차량을 만들었습니다.

2019년 12월부터 3개월에 걸쳐서 완성한 차인데요. 파이프를 사서 직접 재단하고 자르고 용접을 해서 차체를 만들었습니다. 배기량은 250cc에, 4단 변속기를 장착했고요. 바퀴마다 노면의 충격을 흡수하는

박재현 학생이 만든 크로스 카트 경주용 자동차. ©EBS

독립 서스펜션을 구현했습니다. 최고 속도는 정확히는 안 재 봤지만, 시속 100킬로미터쯤 될 겁니다. 이 차를 만들 땐 하루 종일 물과 식사도 거르고 꼬박 16시간을 매달리기도 했는데요. 누가 시켜서 하는 것이 아닌, 저 스스로 미쳐야만 할 수 있는 일이라고 생각합니다.

그냥 해 버려라!
도전정신의 끝판왕

제 차고지에는 간판이 하나 걸려 있습니다.

"Build For Send."

그냥 해 버리라는 뜻입니다. '겁내지 말고 해 버려라!' 이것이 지금

제 인생 좌우명이 됐습니다. 실패를 두려워하지 않고 겁 없이 앞으로 나아가는 것! 이것이 무모한 도전을 현실화시킨 원동력입니다.

저의 롤 모델인 자동차 왕 헨리 포드가 이런 말을 했습니다. "실패란 보다 현명하게 다시 시작할 수 있는 기회다."라고요. 저의 경험을 봐도 그렇습니다. 저는 실패한 과정이 있었기 때문에 제가 결국 자동차를 직접 만들 수 있게 됐다고 생각합니다. 자동차에서 시작한 집중력과 끈질긴 도전정신은 이제 학업으로 이어졌습니다. 공부에 관심이 없던 제가 이젠 전교 상위 등수를 기록하고 있습니다. 전 학원을 다니지 않고 독학으로 공부했습니다. 카트를 만드는 원리를 찾아보면서 해외 영상을 검색하게 됐고, 그래서 자연스럽게 영어 공부가 되면서 실력도 쑥쑥 자랐고요. 자동차의 원리를 스스로 터득한 것처럼 공부의 원리를 스스로 찾

박재현 학생의 차고지에 있는 수제 간판. 'Build For Send Co.' ©EBS

아 나가니 길이 보이고 공부가 되더라고요. 제 시작은 자동차였지만 덕후의 정신이 더 넓은 세상으로 저를 안내하고 있다고 생각합니다.

그냥 좋아서 시작한 일이, 하다 보니 재미있어졌고, 재미있다 보니 잘하게 됐고, 잘하게 되다 보니 행복을 알게 됐다고나 할까요? 이제 제겐 아주 큰 꿈이 하나 생겼습니다.

제 롤 모델은 헨리 포드인데요. 그 개발한 자동차 중에는 '포드 A형'이라는 이름을 가진 차가 있습니다. 소형에 가격도 저렴했던 이 차는 속도도 빠르지 않았어요. 당시 포드가 만들고자 한 차는 빠르고 고급스러운 차가 아니었거든요. "자동차는 복잡해서는 안 된다! 누구나 운전과 정비를 할 수 있어야 한다! 5퍼센트의 부유층이 아니라 95퍼센트의 대중을 위한 자동차를 만들겠다!"라는 신념으로 자동차 제작에 몰두한 헨리 포드는 자동차의 대중화 시대라는 역사의 한 페이지를 열었습니다.

헨리 포드가 5%의 상류층이 아니라 95%의 평범한 사람들을 위해 자동차의 대중화에 성공했다면, 저는 보통 사람들도 탈 수 있는 저렴하고 성능 좋은 커스텀 자동차를 생산하는 시스템을 만들고 싶습니다. 그래서 차를 좋아하는 사람들이 직접 나만의 자동차를 만들어서 타고 다닐 수 있도록 하고 싶어요. 제 꿈을 위해 아직은 가야 할 길이 멀지만, 제가 만든 차가 지구상의 도로 위를 달리게 되는 그날까지 저의 작은 차고에서는 엔진 소리가 멈추지 않을 겁니다. 나만의 길을 찾아가는 덕후! 이제 걱정할 존재가 아닌 새로운 창조를 이끌어 낼 수 있는 희망의 존재가 아닐까요? 커스텀 자동차가 세계를 누빌 그날을 꿈꾸며, 지금까지 덕후 에너지로 열심히 달리고 있는 자동차 제작자 박재현이었습니다. 감사합니다.

참고하면 좋을 사이트

- 삼성화재교통박물관 stm.or.kr
- Daum 자동차 auto.daum.net

4장

더 살기 좋은
세상을 위해

'배려'와 '배제' 사이를 고민하다

· 청소년 인권운동가 이수종 ·

13세, '아동권리 스스로 지킴이' 단체에서 활동을 시작(2015년).
17세, 스위스 제네바에 위치한 유엔 본부에서
대한민국의 아동권리협약 실태를 발표(2019년).

아동권리 스스로 지킴이에서 활동하며
장애 학생 인권 실태를 알리기 위해 노력했다.
제5·6차 유엔아동권리협약 이행 대한민국 아동보고서를 집필했고,
대한민국 유엔아동권리협약 이행 심의 아동대표단으로 활동했다.

#배려와배제사이 #노력요함의상처

안녕하세요. 저는 은평고등학교 2학년에 재학 중인 이수종이라고 합니다! 제가 오늘 이 무대 위에 오를 수 있었던 건, 배려들이 있기에 가능했다고 생각합니다. 제가 이 무대에 오르기까지도 많은 배려가 있었고요. 참 감사한 일이죠.

그런데 한 가지 질문을 드리고 싶어요. 보시다시피 저는 이렇게 휠체어를 사용합니다. 이런 저를 체육 수업 시간에 쉬게 해 주는 건 '배려'일까요? 아니면 '배제'일까요? 여러분은 어떻게 생각하세요? 그리고 여러분이 저의 체육 점수를 평가한다면 어떻게 평가해 주실 건가요? 지금부터 제가 겪은 일들을 들려드릴 텐데요. 함께 고민해 보는 시간이 됐으면 좋겠습니다.

지금까지 정규 교육을 받아 온 저니까 당연히 제가 들을 수업 중에는 '체육' 과목이 있었겠죠. 평가 결과는 어땠을까요? 저의 초등학교 체육 성적표에는 바로 '노력 요함'이 적혀 있습니다. 사실 저는 초등학교 당시에 체육 수업에 한 번도 참여해 본 적이 없어요. 축구를 하는 친구들을 가까이서 지켜볼 수도 없었어요. 저는 희귀 난치 질환을 앓고 있어서, 축구공조차도 저에게는 엄청 큰 위험이 될 수 있거든요. 그런 제가 '노력 요함'이라는 성적을 받은 거죠. 성적표를 보신 저희 부모님 역시 '노력을 하고 싶어도 할 수가 없는데……'라며 어처구니없어했던 기억이 나네요.

여러분께서는 어떤 생각이 드시나요? 물론 학교에서는 제가 공에 맞을까 봐 저를 '배려'해 주시는 걸 테지만, '노력 요함'이라는 성적표는 학습 기회를 '배제'당한 결과가 아닐까 싶습니다.

무조건 특수학급 편성이라니!
_인생 스승과의 만남

제가 입학한 초등학교는 특수학급이 있는 통합 학교였습니다. 특수학급 선생님과 어머니와의 첫 면담이 아직도 기억나는데요. 그 선생님께서는 "이 학생은 장애가 있기 때문에 특수학급의 교육을 받아야 합니다."라고 말씀하셨습니다. 그러자 어머니께서는 "이 아이는 학습 능력이 일반 아동들과 다를 바가 없어요."라고 하셨습니다. 그럼에도 불구하고 특수학급 선생님은 특수학급에 편성되는 걸 강요하셨죠. 그런데 현재 우리나라의 특수학급은 '지적' 장애 아동이 절반 이상을 차지하고 있다는 사실, 알고 계셨나요?

발달 장애, 학습 장애, 의사소통 장애까지 폭넓게 본다면 훨씬 많은 비율이 되겠죠. 아무래도 지적·정서 장애 아동 위주의 교육이 이루어질 수밖에 없는 환경입니다. 그럼에도 불구하고 단순하게 장애 아동, 비장애 아동 이렇게 이분법적으로만 나눠서 장애 아동을 특수학급으로 배정하는 경우가 많은 거죠.

저 역시도 제 의사와는 상관없이 배제당할 뻔했지만, 다행히 제 초등학교 1학년 담임이셨던 정기헌 선생님의 배려 덕분에 저는 일반 학급에 진학할 수 있었습니다. 정기헌 선생님께서는 제 학습 능력이 비장애 아동들과 다르지 않다는 걸 파악하시고는, "수종이는 일반 학급 수업을 듣는 게 충분히 가능합니다."라고 단호하게 말씀해 주셨거든요. 그리고 제가 학교 생활 하는 데 어려움이 없도록 저의 불편함을 또래 친구들이 이해할 수 있는 언어로 쉽게 설명해 주셔서, 친구들과도 쉽게 친해질 수 있었죠. 천사 같던 담임 선생님 덕분에 저 스스로를 존중하는 법도 배웠고, 자신감도 충전했습니다. 덕분에 저는 초등학교 생활에 훨씬 쉽게 적응할 수 있었습니다.

휠체어와 '노력 요함' 사이에서

초등학교 입학 당시에는 걸을 수 있었어요. 그런데 점점 더 상태가 악화

되는 희귀 난치 근육병을 앓고 있어서, 초등학교 2학년부터 휠체어를 사용하게 됐습니다. 휠체어를 사용하는 장애인들에게 경사로나 엘리베이터의 존재가 얼마나 간절한지, 제가 이해하기 쉽게 말씀드려 볼게요.

배가 엄청 고픈 상황이에요. 진짜 맛있는 밥상이 차려진 식탁 앞에서 남들은 맛있게 밥을 먹고 있어요. 그런데 나만 숟가락 젓가락이 없어서 쳐다만 보고 있는, 그런 기분이라고 하면 좀 이해가 될까요? 제가 다녔던 학교는 특수학급이 있는 통합 학교니까, 당연히 모든 곳에 경사로나 엘리베이터가 있을 거라고 생각했는데 아니었어요. 심지어 제가 입학한 후에 강당 건물을 새로 지었는데도, 엘리베이터는커녕 경사로조차도 만들어지지 않았더라고요. 솔직히 좀 충격적이었어요. 전교에 휠체어 사용하는 저를 모르는 사람이 없었을 텐데 말이에요. 그래서 저는 계단에 얇은 간이 나무판자로 만들어진 위험한 경사로를 사용할 수밖에 없었어요. 강당에서 체육 수업을 하는 경우가 종종 있었는데, 올라가는 길이 저에겐 체육이었죠. 그렇게 노력해서 강당에 체육 수업을 하러 간 건데, '노력 요함' 성적을 받은 거였어요!

포기할 뻔한 소중한 추억, 현장체험학습

이번엔 현장체험학습 이야기를 좀 해 볼게요. 소풍, 수학여행, 수련회,

체험 학습······ 많은 학생들이 좋아하는 활동이죠? 저 역시 이런 현장 학습 날을 손꼽아 기다리곤 했죠. 그런데 제가 점점 체험 학습을 꺼리게 된 이유가 있습니다.

저는 이동 수단에 제약을 받을 수밖에 없는데요. 멀리 체험학습을 떠나려면 휠체어 리프트 시설이 설치된 버스가 꼭 필요합니다. 그런데 현재 서울시교육청에는 장애 아동을 위한 리프트 차량은 단 한 대도 없는 실정이고, 앞으로도 계획도 없다고 합니다. 결국 제가 일반 차량에 탑승하는 방법은 사람이 직접 저를 들어서 옮기는 방법밖에 없어요. 대부분 어머니가 저를 업고 내리고 하는 걸 반복하셨어요. 점점 무릎 건강이 안 좋아지시고 고생하시는 모습을 보면서, 이런 현장학습들이 점점 싫어지더라고요.

중학교 2학년 수련회를 앞두고 있었을 땐데요. 마찬가지로 리프트 차량이 없던 상황이었고. 저는 또 비슷한 상황이 반복될 것 같아서 수련회를 포기한다고 했죠. 그런 저를 보며 마음이 속상하셨던 어머니는 당시 학교 교무부장 선생님께 제가 수련회에 참여하게

리프트 버스에 오르는 이수종 학생.

도와주실 수 없냐고 이야기를 하셨습니다. 다른 선생님들과 회의 끝에 사설 리프트 버스를 지원해 주셨어요. 지금 생각해도 너무 감사한 일이죠.

덕분에 저는 친구들과 같은 버스를 타고, 재밌는 얘기도 나누며, 수련회도 참가하고, 레크리에이션도 참가하며, 잊지 못할 소중한 추억을 쌓을 수 있었습니다.

하지만 이런 행운이 늘 있을 순 없었어요. 저 역시도 그랬고요. 배려해 주시는 좋은 선생님이 있어도, 대여 가능한 리프트 차량이 없는 경우가 생긴다든지 하는 식이죠. 예상 밖의 난관들이 튀어나와서 현장학습은 정말 긴장 백배예요. 비장애 아동들에게는 너무나 쉽고, 너무나 당연한 권리조차 저에겐 아주 큰 산처럼 느껴지는 거죠.

다행히도 저는 배제당할 뻔한 수많은 상황에서 많은 분들의 배려 덕분에 저의 권리를 어느 정도 보장받을 수 있었어요. 그렇지만 여전히 수많은 다른 장애 아동들은 배제당하는 경험을 겪고 있는 것이 현실입니다. 그래서 저라도 장애 아동들의 인권 문제에 대해 목소리를 높여야겠다고 생각했어요. 장애 아동이 학습 기회를 박탈당한다든가, 장애 아동을 위한 시스템이 갖추어지지 않아서 불편함을 겪고 있는 현실은 저만이 할 수 있는 얘기기도 하잖아요. 미래의 장애 아동들은 제가 겪었던 어려움을 겪지 않았으면 하는 마음이 컸던 것 같아요.

그래서 저는 2015년부터 '아동권리 스스로 지킴이'라는 단체에서 활동을 시작하게 됐습니다. 이 단체는 말 그대로 아동들이 자신의 삶에 영향을 미치는 문제에 대하여 능동적으로 의견을 제시하고, 스스로 권리를 지키는 방법을 배울 수 있는 곳인데요. 저는 이곳에서 활동하면서 '내가 내 문제만 생각했구나', '정작 중요한 게 있었구나'라는 사실을 알게 됐어요. 사실 저는 장애 아동을 향한 차별 문제만 심각한 줄 알았어요. 그런데 얘기를 나누고 서로 겪고 있는 문제점을 공유하다 보니, 다른 아동들이 겪는 문제에 대해서도 배우게 됐습니다. 시야가 확 넓어진 느낌이

대한민국 아동보고서를 집필하다가 찍은 사진.

었죠.

활동을 하면서 저는 아주 중요한 프로젝트에 참여했습니다. 바로 우리나라 아동들의 인권 실태를 조사하는 프로젝트였는데요. 장애 아동들뿐만 아니라 다문화 가정 아동, 학교 밖 청소년, 미등록 이주 아동 등 소외 계층 아동들에 대한 이야기를 듣게 됐습니다. 그중에서 제가 가장 충격받았던 건 '미등록 이주 아동'에 대한 문제였어요. '미등록 이주 아동'이란 미등록 체류 상태인 외국인 부모님이 한국에서 낳은 아이들을 일컫는데요. 만약 불법 체류 상태로 있던 아이의 부모님이 강제 퇴거 조치를 받게 되면, 부모와 아이들은 강제적으로 분리됩니다. 그야말로 생이별을 해야 하는 거죠.

또한 부모님이 미등록 체류 상태여도 아동들은 의무 교육을 받을 권리가 있습니다. 이건 법적으로 보장받은 권리예요. 그런데도 학교장의 거부로 다니지 못하는 경우도 있어서 너무 안타까웠죠.

저는 프로젝트를 진행하면서 아동들이 처한 공통적인 문제를 찾을 수 있었습니다. 바로 모두 본인들에게 맞는 교육을 받고 있지 않았다는 걸 알게 된 거죠. 인간이 기본적으로 누려야 할 권리, 그리고 지켜야 할 가치들을 교육받지 못한 학생들이 많다는 점은 아주 큰 충격이었고요.

또 우리나라 교육은 '입시'에만 초점이 맞춰져 있습니다. 일반 학생들조차 개개인의 인격을 존중받지 못한 채 '입시 성공'을 위한 교육을 받고 있죠. 저처럼 특수한 환경에 처한 소외 아동들은 특히 더 배제당하기 십상입니다. 갈수록 교육 격차는 더 커지고 있고 과정도, 결과도 모두 불평등하게 된다는 걸, 보고서를 작성하면서 깨닫게 됐습니다.

UN아동권리위원회 발표

이 보고서는 UN 아동권리위원회에 제출됐습니다. 그러자 직접 와서 그 얘기를 좀 들려달라는 요청이 왔어요. 참 영광스럽게도 소외 아동들을 대표해서 제가 이야기를 전달하게 된 거죠. 처음에는 제가 소외 아동을 대표한다는 게 사실 좀 부담이 되기도 했어요. 하지만 한편으로는 제 경험에서 우러나오는 진솔한 얘기들을 전달할 수도 있을 거란 생각도 들었습니다. 또 제 목소리로 인해 조금이라도 긍정적인 변화가 생긴다

스위스 제네바 방문 당시의 모습.

면 보람을 느낄 것 같아 사명감을 갖고 열심히 준비했습니다.

그리고 작년 2월, UN본부가 위치한 스위스 제네바로 갔는데요. 설렘도 잠시, 제가 어떤 목적으로 제네바에 간 건지를 떠올리자 마냥 신날 수만은 없더라고요. 그 자리가 어떻게 보면 대한민국이 아동권리협약을 잘 이행하고 있는지, 교육 문제점은 없는지, 아동 인권의 현주소는 어떤지를 살펴보기 위해 위한 자리거든요. 저는 우리나라의 현 상황을 전달하기 위해 인권이사회 위원들 앞에서 발표를 했습니다. 소외 아동들이 교육 현장에서조차 소외당하고 있는 현실을 전달했고요. 또 제 경험을 살려 장애 아동의 복지가 보장받지 못하는 현실에 대해서도 전달했습니다.

유니세프 국제본부에서도 입시 중심의 대한민국 교육 현실과, 특히 대한민국 교육에서 소외 계층 아동들이 배제되고 있고, 모든 아동들에게 평등한 교육이 보장되지 않고 있다는 이야기를 전했습니다. 대한민국 아동들의 현실을 들으면서 눈물을 흘린 위원분도 있었어요. 아침 열 시부터 밤 열 시까지 대학입시에 맞춰 공부만 해야 하는 일반 학생들의 상황이 매우 안타깝다고 했고, 장애 아동과 소외 아동에 대한 교육적 배려가 없는 상황에서 아이들이 겪을 어려움을 생각하니 마음이 아프다고 하셨죠.

저는 우리 사회가 아동을 바라보는 시선이 조금 달라졌으면 하는 바람입니다. 장애 유무를 떠나, 출신 배경을 떠나, 개개인을 하나의 인격체로 보고 그들을 존중하는 교육이 이루어져야 한다고 생각합니다. 한 가지 잣대로 모든 아동을 평가하기 때문에 개개인이 가진 다양한 가치는 배제당합니다. 그러면 당연히 자신감도 떨어지게 될 거고요. 악순환의 반복이죠. 반대로 학생들의 다양성을 '배려'할 수 있는 교육이 이루어진다면, 개개인의 가치가 존중받고 실현될 수 있는 선순환이 반복되겠죠?

매년 치러지는 수능에서 77%의 학생들이 3등급 이하의 성적을 받습니다. 이 학생들은 모두 어디로 가는 걸까요? 개개인의 특성을 고려하지 못하고 사회가 원하는 아동들만을 선발하는 것이 옳을까요? 이것이 교육의 본질이 맞을까요? 여러분은 교육의 본질이 무엇이라고 생각하나요? 저를 도와주셨던 여러 선생님들, 또 틀을 강요하지 않고 개인을 하나의 인격체로 바라보시는 어른들의 도움이 없었다면, 저는 지금 이 자리에 있었을까요?

세계 인권 선언과 국제 인권 규약에 따르면, '모든 사람은 인종, 피부색, 성별, 언어, 종교, 정치적 또는 기타의 의견, 민족적 또는 사회적 출신, 재산, 출생 또는 기타의 신분 등 어떠한 종류 구분에 의한 차별 없이 모든 권리와 자유를 누릴 자격'이 있습니다. "나른 것은 틀린 게 아니다." 너무나 당연한 이야기인데요. 누구나 평등하게 대우받을 권리가 있음을 알아 주셨으면 합니다.

지금까지 저의 강연을 들어 주셔서 감사합니다! 장애 아동들의 교육 문제는 비록 지금 당장은 해결하기 어렵더라도, 여러분의 관심으로 점차 해결될 수 있습니다.

===== (**참고하면 좋을 사이트**) =====

• 국제아동인권센터 incrc.org
• 유니세프 한국위원회 unicef.or.kr

'폭력'에 맞서는 용기,
세상의 또 다른 '나다'들에게

· 교육공동체 활동가 나다 ·

나다(활동명) 18세

17세, 청소년 인권 활동 시작(2019년).
18세, 비폭력청소년공동체 '간디' 설립(2020년).

인권공동체 '간디'를 교육공동체로 성장시키기 위해 노력했다. 그 결과 2021년 교육공동체 '다양한 움직임; 다움'을 설립하였다. 현재 다움은 인권공동체와 교육공동체라는 두 가지 정체성을 가지고 활동하고 있다. 다움은 더욱 다양한 사회 구성원들과 함께 다양한 것들을 배우고 나누려 한다.

- 현재는 나이의 경계를 허물고 더 다양한 사람들과 함께하려 합니다. 청소년과 비청소년이 모두 동일한 사회 구성원으로서 함께할 수 있었으면 했기 때문입니다.

- 감정과 경험을 나누는 네트워크 형성은 2021년 다움의 프로젝트였습니다. 앞으로는 기후위기, 장애인, 동물권 등 더욱 다양한 주제로 활동하려 합니다. 다움은 하나의 주제에 집중하기보다 여러 가지 사회문제의 교차성을 함께 들여다보는 공동체입니다.

#나다 #내가가면을쓴이유
#연대를꿈꾸다

안녕하세요. 여러분 가면을 쓰고 이 자리에 서게 된 열여덟 살 '나다'라고 합니다. 왜 얼굴을 가리고 나왔지? 이름은 또 왜 저러지? 궁금한 분들이 많으실 것 같아요. 제가 이렇게 얼굴을 가리고, 또 본명이 아닌 활동명으로 나온 이유는 여러분들에게 좀 더 진솔한 이야기를 들려드리기 위해서입니다.

여러분들의 열일곱 살은 어떠셨나요? 지금 눈을 감고 상상해 보세요. 어떤 모습이 떠오르나요? 친구들과 재밌게 수다 떠는 모습, 좋아하는 떡볶이를 먹는 모습, 아니면 수학 시험을 망쳐 좌절한 기억이 있을 수도 있겠네요. 저는 좀 특별한 열일곱 살을 보냈는데요. 세상에 있을 수많은 '나다'를 대신해서 제가 이 자리에 서게 된 것 같습니다.

저는 모든 청소년들의 우주를 품을 수 있는 배움터 설립을 꿈꾸고 그 꿈을 향해 또 한 번 용기를 낸 '나다'라고 합니다. 사실 저는 이 무대에 서기까지 엄청 많은 고민을 했어요. 출연을 결정한 후에도 정말 매일 같이 고민했어요. 이게 잘한 결정일까 하고요.

지금도 여전히 잘 모르겠어요. 제가 옳은 일을 하고 있는 게 맞는지. 제 선택을 확신하기가 힘들었어요. 그럼에도 불구하고 이 무대에 서게 된 이유는 제 이야기가 사람들에게 혐오와 폭력에 대한 경각심을 줄 수 있다고 믿고 있기 때문입니다.

고작 열여섯 살이던 제게 '호의'라는 가면을 쓴 채 다가온 그들은 악마와 같았습니다. 따뜻함으로 포장된 말로, 그리고 '어른'이라는 위치로 저를 속이고 있었죠. 어느 순간 모든 일이 제 생각과는 다른 방향으로 흘러가고 있다는 걸 알게 됐어요. 순간, 이던 생각이 스쳤어요. "아, 나 여태껏 이용당했구나. 나한테 거짓말을 하고 있었던 거구나."

하지만 그 당시에는 이 일을 그 누구에게도 말할 수가 없었어요. 저는 이게 제 잘못으로 생긴 일이라 생각했거든요. 부끄럽고, 창피했고, 그냥 숨기고 싶었어요. 그래도 이대로 둘 순 없잖아요? 신고해야겠다는 생각이 들어 경찰서에 전화를 걸어 상담까지 받았는데, 당시 저에겐 저를 보호해 줄 어른이 없었어요.

근데 올해 초 이른바 'N번방 사건'과 디지털 성범죄 문제가 공론화 된 후에야 '아, 내 잘못이 아니었구나. 나는 피해자였구나.'라는 걸 깨닫 게 됐습니다. 피해자가 아닌 가해자를 향해 화를 내는 그 모습을 보면서 저는 조금씩 죄책감에서 벗어날 수 있게 되었어요. 'N번방 사건' 이후로는 피해자를 연민의 대상으로 바라보는 대신 그들과 연대하려는 시도가 늘어나고 있는 것 같아 '우리 사회도 변하고 있구나.' 하는 생각이 들기도 했습니다.

그래서 저는 용기 내서 피해 사실을 주위에 알렸어요. 그런데 저를 더 힘들게 하는 건 따로 있었습니다. 바로 2차 가해였는데요. 사회의 시선은 많이 바뀌었지만 정작 내 옆에 있는 주변인들의 시선은 크게 달라지지 않았더군요. "술집 여자나 해라.", "어디 가서 말하지 마라, 네 얼굴에 침 뱉기다." 등등 믿었던 사람들의 존재 부정, 기억 왜곡, 입막음. 말로만 듣던 2차 가해를 실감하는 순간이었습니다.

제 존재를 부정당하게 되니까, 스스로를 의심하게 됐어요. '어? 내가 겪은 일이 사실이 맞나? 내가 잘못 기억하는 건 아닐까? 그래, 이 기억은 내가 스스로 만들어 낸 기억이야.' 하고 말이죠. 혼자 힘으로는 어떠한 법적 대응도 할 수 없었습니다. 끝없이 쏟아지는 2차 가해들에 무력함을 느끼게 됐어요. 그래서 저는 모아 두었던 범죄의 증거들을 제 손으로 지워 버리고 말았어요. 어떻게 해서든 상처를 잊고 지우기 위해 발버둥 친 나름의 노력이었지만, 지금은 그게 너무 큰 후회로 남아요.

저는 2차 가해로 인해 제 존재와 피해 사실을 부정당하는 동안에도 무의식적으로 제가 피해자임을 입증해 내기 위해 애쓰고 있었습니다. 다들 내가 '틀렸다'고 하는 것 같아서, '아니다, 맞다'라고 외치며 맞서고 싶었어요. 저는 그저 애정 어린 공감과 위로를 바랐을 뿐이에요. 지금 생각하면 열여섯, 열일곱의 저에게 너무 미안해요. 그러다 문득 이런 생각이 들었습니다. "아 도저히 이렇게는 못 살겠다. 벗어나기 위해서는 내가 힘을 내야 하는구나." 이후, 저는 삶을 바꿀 방법을 찾아 나서기 시작했습니다.

청소년 인권 활동을 시작하다
_피해자에서 활동가로

혼란스러운 열일곱 살을 보내는 동안 저를 붙잡아 주었던 것은 청소년 인권 활동이었습니다. 청소년 인권 활동을 하면서 '아는 만큼 보이고, 아는 만큼 단단해진다'라는 말을 실감했어요. 인간의 존엄을 공부하고 생각하고 말하는 시간을 통해 저는 저를 지키는 법을 배우게 됐어요. 그동안의 시련들이 더 강해진 지금의 저를 있게 해 준 것 같아 이제는 그 시간이 더없이 감사합니다.

인권 활동과 함께 여러 가지 시민 활동을 하다 보니, 저는 저와 같은 청소년 혹은 저와 같은 사람들이 목소리를 낼 창구가 필요하다는 생각이 들었습니다. 억압 속에서도 자기의 생각을 바른 방법으로 표현할 수 있어야 하고, 부당한 것을 요구받을 때도 그에 저항할 수 있어야 한다는 걸 몸으로 부딪히며 배운 거죠.

그리고 무엇보다도 무엇이 폭력인지 바로 알고 폭력을 거부하는 힘

이 있어야 한다는 것을 깨닫게 되었습니다. 저는 길고 긴 터널을 지나며 어느새 피해자에서 생존자가 되었고 생존자에서 활동가가 되어 있었습니다. 그리고 그 여정을 다른 친구들과도 함께 나누고 싶다는 생각을 했습니다.

비폭력청소년공동체 간디

2020년 8월 이런 과정을 거쳐 저는 비폭력청소년공동체 '간디'라는 팀을 꾸리게 됩니다. '간디'는 비폭력 저항의 상징인 마하트마 간디의 이름에서 따오기도 했고, '비폭력 공동체를 향해 나이가다'라고 할 때의 '가다'를 대구 사투리로 바꾼 말이기도 합니다.

간디는 공동체와 인권의 교차성에 대해 고민하며 폭력 없는 공동체를 만들기 위해 노력하는 청소년 모임입니다. 저는 '간디'의 목적성을 더 뚜렷하게 하고 보다 더 체계적인 활동을 하고 싶었어요. 그래서 청소년 인권, 학교폭력, 성폭력, 가정폭력을 공부하고 마음 치유하는 시간도 가질 수 있도록 프로그램도 스스로 구성해 봤어요. 그런데 공부하면 할수록 느끼는 거지만, 인권 문제는 너무 방대해서 모든 내용을 깊게 다루기는 거의 불가능에 가까워요. 하지만 적어도 청소년들이 자신을 관찰하고 사회를 공부하는 과정을 통해 자신에게도 연대할 수 있는 힘이 있다는 것만이라도 깨닫게 되면 좋겠다는 생각이 들어요.

제가 폭력의 피해자에서 생존자로, 그리고 생존자에서 활동가로 거듭나는 데 가장 큰 힘이 된 게 바로 '연대'거든요. 사랑받아 본 사람이 사랑할 수 있듯이, 나의 권리를 보호받아 본 사람이 타인의 권리도 보호할 수 있다고 믿습니다. 그래서 나를 지킬 방법을 배우고 공부하고 있고, 공부한 내용을 토대로 대화 모임도 만들어 공동체 외 사람들과 나누기 위해 노력하고 있습니다.

이제 막 첫걸음을 내딛기 시작한 간디는 비폭력 공동체 모임을 통해서 우리들이 폭력에 대해 정확하게 인지하고, 더 당당하게 맞설 수 있길 기대합니다. 그리고 폭력을 당한 친구들의 목소리에 더 귀 기울여 주고 연대할 수 있는 힘을 기를 수 있도록 노력할 것입니다.

'간디'는 현재 인권공동체이지만, 저는 간디가 교육공동체로 성장하

비폭력청소년공동체 '간디' 활동 모습.

길 바랍니다. 다양한 청소년과 함께 다양한 것들을 배워 나가는 그 속에 '인권'이 자연스럽게 자리 잡았으면 좋겠습니다. 권리의 문제를 전문적으로 공부하지 않아도 삶 속에서 나의 권리를 존중받고 타인을 권리를 존중하는 문화가 일상처럼 당연한 것이 되었으면 좋겠어요.

하루는 간디의 동료들과 학교 폭력에 관한 이야기를 나누기 위해 책을 읽고 있었어요. 그러다 인상 깊은 구절을 발견하게 됐습니다.

"진정한 학교폭력 예방 교육은 '~하지 마' 교육이 아니라 학생들이 권위에 눌려 인간다운 삶의 감각을 잃지 않도록 하는 '권력에 맞서는 교육'이어야 하며, '세상의 차별에 저항하는 교육'이어야 하며, 저항하는 힘을 만드는 '연대의 교육'이어야 한다."

바로 이 글이었는데요. 이 글을 읽는데, "가장 인권적인 것이 가장 교육적인 것이다."라는 저의 신념이 더욱 견고해지더라고요.

가면을 벗을 수 있는 세상을 위하여
_세상 모든 '나다'들의 이야기

제게 남겨진 상처는 어쩌면 흉터로 남아 아마 평생 지워지지 않을 수도 있을 거예요. 세상의 다른 '나다'들도 마찬가지일 수 있어요. 그래도 이 상처를 마주할 수 있는 용기와 이 상처를 당당히 드러내고 서로 연대할 수 있는 힘이 꼭 필요하다고 생각해요. 무엇이 폭력인지 인지하고 또 그

폭력에 맞서고 함께 저항할 수 있는 연대의 힘이 필요하다고, 세상에 있는 모든 '나다'들에게 전하고 싶습니다.

제가 늘 얼굴을 숨긴 채 활동하는 것도 아니고 제 이야기가 부끄럽지 않은데도 막상 제 이야기가 방송에 나간다고 하니 걱정이 많이 되는 건 사실이에요. 이유 없는 막연한 걱정이랄까요? 사실 우리가 교통사고가 나서 어디에 흉터가 생겼다고 해서 이렇게 얼굴을 가리지는 않잖아요. 저는 잘못한 것이 없는데, 왜 가면 쓰길 선택한 걸까요?

세상에 폭력을 당하고 싶어 당하는 사람은 없습니다. 세상이 얼른 바뀌어서 저를 비롯해 어딘가에 존재하고 있을 생존자들이 가면을 벗고 말할 수 있는 날이 오면 좋겠습니다. 감사합니다.

내일을 향한 한 걸음

강연 이후, 저는 비폭력청소년공동체 간디에서의 활동을 통해 인권에 대한 사람들의 진입장벽을 낮추고 더 많은 사람과 세대를 연결하고자 노력했습니다. 무엇보다도 다양한 방법으로 살아가는 그 속에 서로의 다름을 존중하는 문화가 자연스럽게 녹아들길 바랐고 '인권'을 전문적으로 공부하지 않아도 누구나 안전한 문화를 누릴 수 있길 바랐습니다. 그리고 그러한 인식의 변화를 위해서는 교육이 필요하다고 생각했어요.

그래서 이듬해 인권공동체였던 '간디'를 확장해 교육공동체 '다움'을 만들게 되었습니다. '다움'은 '다양한 움직임'이라는 뜻을 담고 있습니다. '다움'은 사회 구성원 한 명 한 명의 변화와 움직임을 중요하게 생각하는 공동체로 "마음껏 안전하고 마음껏 연대하는"이라는 슬로건으로 활동하고 있습니다.

청소년 활동가로서 매 순간 세상의 어두운 면들을 마주하는 게 힘들기도 한데, 동료들이랑 계속해서 함께하다 보니 괜찮아지는 순간도 오더라고요. 최근 저는 폭력 그 자체에서 한 걸음 더 나아가 우리가 추구하는 다양성과 연결을 가치를 사회에 좀 더 지속적으로 확산할 방법에 대해 고민하고 있어요. 다양성, 연결, 지속 가능한 사회가 제 최고의 관심사입니다. 우리는 계속 함께 나아가야 합니다. 사람들이 '우리는 모두 연결되어 있다'라는 걸 잊지 않았으면 좋겠어요.

우리에게는 당연한 것을 당연하지 않게 바라보는 힘, 질문하는 힘이 필요합니다. 저는 더는 혼자가 아니고 제 옆에는 언제나 동료가 있습니다. 그리고 우리에게는 좋아하는 일을 하면서 더 나은 세상을 만들 수 있는 힘이 있습니다. 뜻하지 않은 환경에 의해 무의식적으로 다치고 상처 입은 우리의 삶을 우리가 다시 연결하는 일, 여러분도 저와 함께 해 보지 않으실래요?

참고하면 좋을 사이트

• 대구광역시 시민공익활동지원센터-dgpublic.org
• 한국청소년보호연맹 kypa1318.com
• 한국청소년활동진흥원 kywa.or.kr

역사는 나를 성장시키는 배움이다

· 청소년 역사 콘텐츠 기획자 강사빈 ·

16세, 사단법인 한국역사진흥원 창립준비위원회를 발족하고
위원장을 맡았다(2017년).
20세, 사단법인 한국역사진흥원 이사장직을 맡았다(2020년).

2017년 사단법인 한국역사진흥원 창립준비위원장 선임
2020년 사단법인 한국역사진흥원 이사장 재직
2021년 청년들의 목소리를 전달하는 인터넷 신문 <청년 나우> 창간

#역사사랑 #역사로부터배우다

안녕하세요. 역사를 사랑하는 꿈 많은 청소년 강사빈입니다. 제게는 명함이 하나 있는데요. 제 직함은 바로 역사교육 관련 사단법인을 운영 중인 '이사장'입니다. 이사장이라니까 좀 놀라셨죠? 엄청 대단한 단체의 수장은 아니고요. 여러 역사 문제들과 교육 문제에 관심이 많은 청소년과 청년들이 함께 모여 다양한 활동을 하기 위해 만든 단체입니다.

저는 이 단체에서 청소년이 참여하는 역사 교육 정책 토론회를 매년 개최했고, 청소년 역사 아카데미를 통해 역사 멘토링 활동을 시작했습니다. 또한 임시정부수립 100주년 기념 토크 콘서트를 개최했습니다. 구로 청소년 문화의 집과 협력해 청소년 역사 봉사 동아리를 운영하며 청소년이 직접 역사교육의 미래를 고민할 수 있도록 활동을 펼쳐 나갔습니다.

사실 그동안 전 역사를 만드는 인물은 저와 같은 십 대가 아닌 특별한 위인, 정치인, 전문가들이라고 생각했습니다. 그런데 역사 공부를 하면서 점점 그 생각이 깨지게 되었는데요 역사는 바로 나로부터 시작된다는 것을 알게 되었기 때문입니다. 제게 역사 공부는 저를 성장시키고 이끌어 준 배움터입니다. 그래서 저뿐만 아니라 제 또래들이 역사를 공부하고 공유할 수 있는 플랫폼을 만들고 싶어 역사 연구를 하는 사단법인을 만든 것인데요. 제가 역사로부터 무엇을 배울 수 있었는지 오늘 함께 그 이야기를 나눠 보려고 합니다.

나는 왜 역사에 푹 빠졌나
_역사적 사고력의 중요성

제가 살아온 인생은 매우 짧지만 그 시간을 채운 많은 경험들 중 제게 가장 값진 경험은 바로 역사 공부입니다. 초등학교 때부터 어머니가 역사책을 많이 사 주신 덕분도 있지만 중학교 시절 친구들과 역사 동아리를 만들어 활동하면서부터 역사에 대한 관심이 커지기 시작했습니다.

고등학교 진학을 하면서 역사를 폭넓게 탐구할 수 있는 기회가 많아지다 보니 역사에 더 빠져들 수 있었는데요. 그래서 제 십 대 시절 대부분은 역사 공부와 함께 성장했다고 말할 수 있습니다. 전 역사를 공부하며 크게 세 가지를 배워 나가고 있다고 생각하는데요. 그게 무엇인지 하나하나 좀 말씀을 드리려고 합니다.

첫 번째 배움은 '역사적 사고력'입니다. 역사는 지나간 깃들의 기록이라 하죠. 그래서 우리가 알아 봐야 실생활에는 별 도움이 안 되는 것이라고 생각하기 쉽습니다. 특히 수없이 헷갈리는 연도와 이름들을 볼 때 더 그런 생각이 드는데요. '아주 오래전 일을 굳이 다 알고 외워야만 하나?' 싶은 생각이 들 때도 많습니다. 저도 그랬으니까요. 그런데 역사 지식이 쌓이다 보니, 어느 순간 얕고 짧았던 사고의 깊이가 달라진 걸 깨닫게 됐습니다. 바로 역사적으로 사고하는 습관이 생겼기 때문입니다.

사람들은 누구나 살아가면서 한번씩은 선택의 기로에 서게 될 때가 있잖아요? 역사 속 많은 사람들과 국가들도 그런 선택의 기로에 서는 일이 많았습니다. 그리고 그들의 선택에 따라 운명이 크게 달라지기도 했는데요. 역사를 공부하다 보니 무엇을 선택하는 것이 옳은지에 대한 생각을 자꾸 하게 되더라고요.

예를 들어 '안중근이 이토 히로부미를 쏘지 않았다면? 히틀러가 소련을 공격하지 않았더라면? 과연 그 선택의 결과는 어떻게 됐을까?' 이런 생각들을 하면서 말이죠. 이런 사고력은 개인적으로 중대한 결정을 내려야 할 때, 선택의 여러 변수를 생각하게 만들어 주더라고요. 내가 하는 말과 지금 행동이 어떤 결과를 불러올지 말이죠. 이렇게 역사적 사고는 제게 후회 없는 선택을 하도록 고민하는 법을 일깨워 주고 있습니다.

역사적 사고력을 기르는 역사 공부
_보재 이상설 선생님과의 만남

이러한 역사적 사고력을 기르려면 사실 역사를 암기 과목처럼 달달 외워서는 안 되죠. 그렇게 되면 역사가 지루하기 짝이 없는 과목처럼 느껴지니까요. 그래서 전 역사 공부를 할 때, 마치 제가 그 시대로 돌아간 것 같은 상상을 하며 공부를 합니다. 그 시대 인물과 대화를 하며 그 시대 상황에 공감을 해 보는 거죠. 역사적 인물들에 감정 이입을 좀 해서 "왜 그렇게 행동했을까? 그렇게 행동해서 생긴 결과는 무엇일까? 현재 그럼 나는 어떻게 행동해야 할까?" 이런 식으로 묻고 답히는 형식이죠.

그렇게 공부하다 보니 그동안 주목받지 못했던 역사적 인물들도 알게 됐습니다. 그중에 한 분이 바로 '보재 이상설 선생님'입니다. 이준, 이위종 선생님과 함께 헤이그 특사 3인 중 한 명으로 국난의 위기에 힘과 역량을 결집해 일본에 대항한 독립운동가입니다.

이상설 선생님은 헤이그 특사 이후 블라디보스토크로 가서 항일 단체인 '성명회'를 조직하고 국권 침탈의 부당함을 알리려고 노력했는데요. 결국 체포돼 우수리스크로 추방되는 고초를 당했습니다. 그러나 포기하지 않고 이후에도 '권업회'를 조직해 지속적인 애국 계몽 운동을 전개하셨습니다. 하지만 오랜 투병생활 끝에 광복의 기쁨을 보지 못하고 안타까운 죽음을 맞이했습니다.

이상설 선생님의 이런 업적이 일반인들에게 잘 알려지지 않았다는 걸 알게 되었을 때, '내가 그것을 알리는 일을 하면 어떨까' 하는 막연한 생각을 하곤 했는데요. 하지만 '나처럼 평범한 십 대 청소년이 뭘 할 수 있겠어?' 하고 금세 생각을 접었습니다.

그러다 이상설 선생님의 기념관 건립이 추진된다는 소식을 듣게 되었습니다. 드디어 '나의 작은 힘이라도 보탤 기회가 왔구나'란 생각이 들었는데요. 그래서 전 추진위원회에 연락을 드렸고, 기념관 건립추진위원회의 청소년 위원장을 맡아 이상설 선생님의 업적을 알리는 일에 동참했습니다.

오늘 우리가 사는 시대는 이런 값진 희생을 치른 선조들이 있었기에 존재하는 거잖아요? 이렇게 직접 발로 뛰며 잊혀 가는 역사를 지키는 것이 얼마나 가치 있는 일인지 활동을 하며 깨닫게 되었습니다. 역사는 누가 지켜 주는 게 아니라 저처럼 평범한 청소년도 관심을 갖고 노력한다면 지킬 수 있는 것이라는 사실을 새삼 느꼈습니다.

역사 공부로 얻은 두 번째 배움
_사회 문제에 대한 관심

역사를 공부하며 배운 것들, 그 두 번째 배움은 '사회 문제에 관한 관심'입니다. 저는 사실 중학교 때까지 뉴스에 단 1퍼센트도 관심이 없는 학생이었습니다. 정치는 더더욱 관심이 없었고요. 그런데 고등학교에 진학해 역사를 더 깊이 있게 공부하면서부터 달라졌습니다.

역사는 미래의 거울이라고 하잖아요? 역사를 공부하다 보니 어느새 제게 현대사회 문제들을 내다볼 수 있는 안목이 점점 생기기 시작하더라고요. 예를 들면 정치인들의 행보나 내세운 정책들을 보며 조선시대 지도자와 비교해 어떤 문제들이 있는지 살펴보기도 하고요. 현대의 법 체계 중 전근대의 역사 속에서 기원한 것을 보면서 어떤 것이 개선되면 좋겠다는 생각을 하기도 합니다. 조선시대 광해군의 실리외교를 접하며 체면과 실속에서 진정으로 중요한 것이 무엇인지 합리성에 대해 생각하고, 우리의 외교는 어떤 방향으로 나가야 하는지 고민도 해 보고요.

무관심했던 사회 문제가 점점 제 눈에 보이기 시작했고, 저도 모르

EBS 〈미래교육플러스〉에 패널로 참석한 모습.

는 사이 사회 문제에 대한 관심이 높아져 있더라고요. 그리고 최근엔 교육 문제에도 관심이 많아졌는데요.

EBS의 〈미래교육플러스〉라는 프로그램에 학생 패널로 참여해 현재의 교육과 미래에 달라지는 교육에 대해 학생들의 입장을 전하는 역할을 맡기도 했습니다. 이때 역사를 공부하며 쌓아 온 생각들이 큰 도움이 됐는데요. 역사는 단순한 지식이 아닌 오늘날의 문제를 해결하는 열쇠라는 생각이 들었습니다. 현재를 살고 있는 내가 우리 시대의 과제를 해결하기 위해 어떻게 해야 하는지 답을 찾아보는 것이 중요하다는 사실을 역사를 통해 배웠다고 할 수 있죠.

역사 공부로 얻은 세 번째 배움
_넓은 시각

역사를 공부하며 배운 것들, 그 세 번째 배움은 '넓은 시각'입니다. 무엇보다 역사를 공부하다 보면, 역사적 사건과 인물에 대한 평가나 바라보는 시각이 정반대인 경우를 많이 볼 수 있습니다. 대표적으로 우리 역사에서도 고종 황제 같은 인물을 꼽을 수 있죠.

외세의 힘에서 벗어나고자 안간힘을 쓰며 개혁을 추진한 개명군주 고종이냐, 무능해서 나라를 뺏긴 망국의 왕이냐! 이렇게 여러 가지 시각들을 공부하면서 생각의 폭이 넓어졌습니다. 역사를 바라보는 시각도 달라지게 되었고요.

역사란 한 나라만의 것이 아닌데요. 같은 사건이라도 관점을 달리해 해석할 수 있습니다. 그래서 시공간을 관통하는 역사에 대해 공부하며 세계사에도 관심을 갖게 되었는데요.

인도의 독립 운동가였던 네루는 감옥에서 자신의 딸에게 '세계사 편력'이라는 196편의 옥중서신을 보냈다고 해요. 그 편지엔 세상에서 일어나는 여러 일들과 혁명들에 관한 내용이 담겨 있었는데요. 네루는 딸이 인도의 독립과 세계를 바꿀 인물로 자라길 바랐습니다.

네루의 옥중서신

옛날 세계, 그리고 그 세계에서 활약하던 훌륭한 남녀들에 대해 생각한다는 것은 매우 흥미로운 일이다. 역사를 읽는 것은 즐거운 일이다. 하지만 그보다 더 매력적이고 흥미로운 일은 역사를 만드는 데 참여하는 것이다…… 우리는 함께 옛일을 회상하고, 미래를 과거보다 더 위대하게 만들 방법을 궁리할 것이다.

_1931년 1월 1일, 첫 번째 편지 중에서

결국 딸 인디라 간디는 훗날 인도의 여성 총리가 되었습니다. 네루는 역사 공부가 더 넓은 세상으로 향하는 밑거름이 된다는 걸 잘 알고 있었던 거죠.

우리는 이제 세계화 시대에 살고 있으며 빠른 변화를 겪고 있습니다. 지금 우리가 만들어 가고 있는 일들이 인류의 역사를 어떻게 바꿔 놓게 될지 참 궁금한데요. 이제 우리의 삶은 전 세계의 움직임과 떼려야 뗄 수 없는 긴밀한 연관을 맺고 있잖아요? 시대의 흐름을 읽고 그에 대한 대응책을 모색해 나가는 노력이 필요하다고 생각합니다.

"해 보기나 했어?" _도전의 힘

제가 좋아하는 말이 하나 있는데요. 바로 "해 보기나 했어?"입니다.

현대그룹 창업주인 고 아산 정주영 회장의 말씀입니다. 저는 이 말 안에 굉장히 많은 의미가 담겨 있다고 생각하는데요. 무슨 일이든 해 보기 전에는 성공할지 실패할지 아무도 모른다는 말이기도 하고, 또 도전하지 않고 먼저 포기하는 건 어리석다는 뜻이기도 합니다.

전 역사를 공부하며 역사를 만들어 가는 사람이 어른들이나 대단한 능력을 가진 사람들뿐 아니라 저처럼 평범한 학생도 있다는 걸 깨달았습니다. 학생들이 주도했던 독립운동부터 민주화 운동까지…… 십 대들 역시 역사의 주체가 될 수 있고, 진정한 역사를 만들어 갈 주인공이라고 생각했습니다.

저와 비슷한 생각을 갖고 있던 친구들이 주변에 여럿 있었는데요.

친구들과 함께 역사도 공부하고 여러 활동도 하며 청소년들의 목소리를 제대로 낼 수 있는 창구를 마련해 보고 싶었습니다. 그래서 3년 전, 단순히 임의단체를 넘어 지자체의 설립 허가를 받는 법인 역사 단체를 설립할 계획을 세웠습니다. 계획을 세운 날부터 정말 많은 분들을 찾아다녔는데요. 선배 활동가부터 여러 역사학자 등 법인 설립에 도움 주실 만한 분들께 직접 연락을 드렸습니다.

바쁘시다며 전화를 피하실 땐 전화를 받을 때까지 수백 통의 전화를 남긴 적도 있습니다. 결국 저의 애정 공세에 자포자기 심정으로 만나 주시더군요. 하지만 어린 청소년이 법인을 설립하는 데는 법적 절차가 너무나 까다로웠습니다. 실망하는 제 모습에 주변에서도 이제 그만 포기하고 동아리 활동에 만족하라며 다들 만류를 하셨죠. 괜한 도전을 한다고 일만 벌인 것 같아 저도 고민을 많이 했습니다. '이대로 포기해야 하나? 내가 너무 욕심을 부렸나?'라며 중도 포기도 생각해 봤습니다. 하지만 '안 하면 후회할 것 같다'라는 생각이 더 강하게 들었습니다. 역사적 인물들도 모두 고난의 시기가 있었고 결국 뜻을 이뤄 낸 사람들은 포기할 줄 모르는 도전 정신으로 목표를 이뤄 냈으니까요.

한국역사진흥원 설립을 위해 노력한 강사빈 학생.

결국 전 6개월간의 끈질긴 노력 끝

에 법인 설립에 성공했습니다. 처음부터 대표를 맡진 못했지만 법인 내에서 주도적으로 활동을 이끌어 갔습니다. 지금은 청소년과 청년들이 모여 마음껏 역사 공부도 하고 사회에 자신의 목소리도 내고 있는데요. 법인 설립 후에 많은 일들을 했지만 그중에서 특히 지역 사회를 위해 봉사하는 프로젝트 사업을 진행하고 있습니다.

첫 도전으로 구로구를 중심으로 '함께 구로'라는 프로젝트 팀을 만들어 '구로 청소년 역사 아카데미'를 운영했습니다. 청소년들에게 역사 멘토링을 해 주는 프로그램인데요. 이를 계기로 역사에 관심이 생겼다는 친구들을 보며 큰 보람을 느끼고 있습니다. 앞으로도 더 많은 프로젝트들을 기획해 청소년들이 역사와 가까워지도록 하고 싶습니다. 만약 제가 역사 공부를 통해 도전 정신을 깨닫지 못했다면 오늘 강연자로 이 자리에 서지 못했을지 모릅니다. 역사 공부는 작고 약한 나를 성숙하고 자신감 넘치게 만들어 준 보물이라 할 수 있습니다.

내 인생의 가이드는 역사다

역사 과목은 한 사람이 살아가는 데 가지게 될 정치관, 윤리관, 역사관 등을 확립하는 데 큰 영향을 끼치기 때문에 매우 중요하다고 생각합니다. 특히 제 또래 친구들에게 역사는 더욱 중요하다고 생각하는데요. 앞으로 살아가는 데에 가이드를 마련해 줄 수 있는 것이 바로 역사이기 때문입니다.

그런데 요즘엔 역사 과목을 단순히 수능 필수과목 중 암기 과목 정도로만 인식하고 있는 듯해 속상한 부분이 있습니다. 역사를 바라본다는 것은 과거를 바라보고 곱씹어 본다는 것일 텐데요. 꼭 조선시대, 고려시대를 바라보는 것뿐만이 아니라 나의 과거 역시 바라볼 수 있다고 생각합니다. 과거의 실수를 반복하지 않는 것, 그것이 바로 역사 공부의 목적일 테니까요.

우리가 앞선 시대 사람들에게 역사의 선물을 받은 만큼, 앞으로 이 땅에서 살 사람들에게 무엇을 주어야 할 것인가를 고민하는 것 역시 필요하다고 생각합니다. '이 시대는 어디로 가고 있을까? 나는 앞으로 어떻게 살아야 하나?' 이렇게 끊임없는 질문과 답을 하며 우린 역사의 주인공으로, 또 인생의 답을 찾아가며 살아가야 할 것입니다.

저의 부족한 강연을 듣고 제 또래 친구들도 역사를 통해 무언가 배우려 하고, 미래를 꿈꿀 수 있었으면 좋겠습니다. 이 세상 모든 사람들이 역사 공부의 재미에 빠질 그날까지 노력하겠습니다. 지금까지 청소년 역사 콘텐츠 기획가 강사빈이었습니다. 감사합니다.

═══ (**내일을 향한 한 걸음**) ═══

2017년 사단법인 한국역사진흥원 창립준비위원회를 발족시키고 위원장을 맡았으며 설립 이후 법인에서 꾸준히 활동을 이어 갔습니다. 그러다 2020년부터는 법인의 이사장으로 선임되어 지금까지 이끌어 오고 있습니다. 2021년에는 청년들의 목소리를 효과적으로 전할 수 있는 방법을 고민하다 청년을 주 콘텐츠로 삼는 인터넷 신문 〈청년 나우〉를 창간했습니다.

═══ (**참고하면 좋을 사이트**) ═══

- (사)한국역사진흥원 kohistory.or.kr
- 국사편찬위원회 history.go.kr

여학생은 물리 하면
안 되나요?

· 예비 공학자 이예원 ·

이예원
중앙대학교사범대학부속고등학교 3학년

18세, 노벨 과학에세이대회 물리부문
과학기술정보통신부 장관상 수상(2019년).

2018년   WBF 주최 Science Open Lab 참가
　　　　노벨 과학에세이대회 화학부문 과실연 상임대표상
2018년~2019년   코딩동아리 알고리즘 활동
2018년~2020년   한부모가정 자녀 학습 멘토
2019년   서울대학교 공학캠프 프론티어 참가
　　　　서울대학교 데이터마이닝 캠프 참가
　　　　노벨 과학에세이대회 물리부문 과학기술정보통신부 장관상

#유리천장 #여성물리학자
#과학하는여자

안녕하세요. 저는 중앙대학교 사범대학부속고등학교 3학년에 재학 중인 이예원입니다.

여러분 혹시 '유리 천장'이라는 말 들어 보신 적 있나요? 하늘 저 위에 사과가 떠 있고, 여러분들 앞에 사다리가 놓여 있습니다. 열심히 사다리를 올라 거의 다 왔다 싶은 순간! 머리가 무언가에 부딪힙니다. 닿을 것만 같았는데 무언가에 가로막힌 채 사과를 바라만 보게 됩니다.

이게 바로 유리 천장의 개념입니다. 실제 세계 곳곳에서 유리 천장의 사례를 찾아볼 수 있죠. 인종에 대해, 장애에 대해, 나이에 대해, 성별에 대해 유리 천장이 존재합니다. 정말 안타깝게도 저도 이 유리 천장을 경험해 본 적이 있습니다.

저는 물리와 화학을 좋아해서 학교 수업 중 물리학 I, 물리학 II, 화학 I, 화학 II를 선택해 배웠고, 더 공부해 보고 싶어 1년 동안 한 시간 거리의 다른 지역 학교에서 열리는 고급물리, 고급화학 수업을 추가로 이수했습니다.

많은 분들이 이런 생각을 했을 것 같은데요. '물리, 화학이 재미있다고? 더 배우고 싶다고? 왜?' 여러분들 머릿속에 떠오르는 그런 생각들이 저를 이 자리에 서게 해 준 것 같습니다.

여자는 물리 하면 안 되나?
_포기의 유혹

본격적인 이야기에 앞서, 지난 6월 고3 학생들의 평가원 모의고사 과학탐구 과목별 응시자 현황에 대해서 이야기하고 싶습니다.

2020년 6월 평가원 모의고사의 생명과학 I 응시자가 100,612명으로 가장 높았고, 지구과학 I 응시자가 94,307명으로 그 뒤를 이었습니다. 그에 비해 물리학 I 응시자는 47,813명으로 응시자 수가 현저히 적습니다. 심지어 물리학 II 응시자는 6,648명으로 총 8개의 과학탐구 영역 중에서 응시자 수가 가장 낮은 과목인데요.

모두가 피하려는 저 두 과목을 누가 응시하나 하셨죠? 바로 제가 합니다. 그런데 이런 저의 선택을 두고, 부모님 그리고 친구들은 저를 말렸습니다.

"네가 드디어 미쳐 가는구나?", "지금이라도 다시 생각해 봐.", "물리로 남자애들을 어떻게 이겨!” 이런 이야기들입니다.

　일단 점수부터 잘 받아야 좋은 대학에 진학할 수 있다는 말에 사실 저도 많이 흔들렸습니다. 그런데 제가 좋아하는 과목이면 당연히 열심히 공부할 것이고 점수는 그에 따르는 것이라 믿고 선택했습니다. 물론 처음에는 머리가 지끈지끈할 정도로 어려웠고, 성적도 만족스럽지는 않습니다. 하지만 열심히 고민하고 매달려서 점차 나은 성적을 거둘 수 있었습니다.

　저는 평범한 고등학생입니다. 그런데 저는 물리, 화학을 좋아하는 사람이라서 ‘특이한 아이’가 되어 버렸습니다. 조금 더 직접적으로 말해 볼까요? “왜 그 어려운 걸 하려 하느냐.” 그리고 그 뒤에 바로 이 말이 붙습니다. “그것도 여자가 …….”

　저는 오늘 이 시간을 통해 물리나 화학을 좋아하는 학생을 바라보는 시선 그리고 더 나아가 과학 하는 여성에 대해 이야기를 해 보려 합니다. 평균적으로 성별에 따른 능력 ‘차이’가 있다는 것은 저도 인지하고 있는 부분입니다. 남성이 여성에 비해 평균적으로 공간 지각 능력이 뛰어나다는 연구 결과도 많이 있습니다. 공간 지각 능력은 물리학을 직관적으로 이해하는 데 큰 도움을 줍니다. 그래서 남학생들이 물리를 쉽게 받아들이고 잘할 수 있다는 거죠.

　어떤 분은 고등학교 수준에서는 남학생과 별로 차이가 없을지라도 공부를 깊이 할수록 차이가 극명하게 드러날 것이라는 말도 해 주셨는데, 이 말이 기억에서 잊히지가 않네요. 이런 이야기를 하도 많이 들어서 물리를 한다는 것에 막연한 두려움도 생기고, 이러다 정말 물리가 발목을 잡아 원하는 대학에 못 가게 되는 것은 아닐까 걱정되기도 했습니다.

아폴로 11호 뒤에는 천 명이 넘는 여성 과학자들이 있었다

포기하려던 저를 붙잡아 주었던 것이 있는데요. 제가 작년에 굉장히 감명 깊게 본 영화 〈히든 피겨스〉입니다. 이 영화는 우주 개발 경쟁을 도왔던 아프리카계 미국 여성들의 이야기인데요. 미국이 세계 최초로 아폴로 11호를 달에 보낸 것, 다 아시죠? 그런데 이 역사적 사건에 천 명이 넘는 여성 컴퓨터 학자들의 노력이 숨어 있었다는 사실, 아셨나요?

특히 실존 인물인 캐서린 존슨, 도로시 본, 메리 잭슨은 흑인 여성이라는 이유로 부당 대우를 받기도 했습니다. 하지만 시련에 굴하지 않고 용기를 갖고 자신의 꿈을 이루어 가는 과정이 나오는데, 영화를 보는 내내 감동을 받았습니다. 남녀 능력 차이에 대한 연구들이 사실일 수는 있지만 저는 이런 생각이 들었습니다. '차이에 대한 편견이 실제 차이를 만드는 것이 아닐까?'

TV에서든 책에서든 남성은 여성보다 공간 지가 능력이 좋다는 연구 결과를 많이 접하다 보니 저도 일종의 편견이 생겨 제 가능성을 막을 뻔했던 거죠. 어쩌면 사회에서 여학생은 물리를 못할 것이라는 편견을 심어 주고 있는 건지도 모릅니다. 물리뿐 아니겠지요. 여성이 과학자가 된다는 것에 대한 편견도 존재하는 것 같습니다. 이 편견은 아직 자신을 모르는 아이들이 자신의 잠재력의 싹을 잘라내는 가위가 됩니다. 남자가 더 잘한다는 결과의 원인은 사실 성별에 따른 능력 차이가 아니라 우리 사회에 만연한 여성 차별의 분위기 아니었을까요?

마리 퀴리도 피해 가지 못한 유리 천장

여성에 대한 차별은 여성 최초의 노벨상 수상자이자 물리학상과 화학상을 동시에 받은 유일한 인물인 마리 퀴리조차도 피해 가지 못했습니다. 마리 퀴리는 여성이라는 이유로 1903년 노벨 물리학상의 후보에서 제외될 뻔했고, 심사위원단은 그녀를 남자의 곁에서 보조를 맞춰 주는 사람이라 평가했습니다. 프랑스 과학아카데미에 가입하려 하였을 때, 프랑스의 보수성, 폴란드 출신이라는 점, 급진적 자유주의 여성이라는 점 등 성차별적 문제로 가입하지 못했고 당시 미국 대통령이 명예박사 학위를 수여했지만 하버드 대학 총장은 "마리 퀴리는 단지 라듐에 대한 연구의 사소한 부분에서만 큰 역할을 했다"라고 말하며 학위수여를 거

최초의 여성 노벨상 수상자 마리 퀴리. ©EBS

부하였다고 합니다. 정말 놀랍지요?

과학계에서 여성에 대한 차별은 오래된 숙제로 많은 통계자료들에서도 잘 드러납니다. 임금에 있어서도, 고용률에 있어서도 실제 많은 차별이 존재함을 확인할 수 있습니다. 여성 인력의 과학 기술계 진출은 꾸준히 늘어나고 있지만 리더인 관리자급 비율은 가까스로 10%대에 진입하는 데 그쳐 관리자 진출을 가로막는 유리 천장이 여전히 존재함을 보여 주고 있습니다. 이렇게 여성에 대한 차별이 있다는 것은 알고 있었지만 다른 분야도 아닌, 사실을 중시하고 논리적이고 합리적인 학문인 과학계도 예외가 아니라는 사실은 저에게는 큰 충격으로 다가왔습니다. 지금도 여성들에게는 보이지 않는 유리 천장이 있다고 말하지만 많은 여성들은 이 유리 천상을 부수기 위해 피나는 노력을 하고 있습니다.

유리 천장을 부수고 노벨상을 수상한
여성 물리학자 도나 스트릭랜드

2018년 유리 천장에 구멍을 뚫은 사건 하나가 생겼습니다. 바로 여성 노벨 물리학상 수상자가 탄생한 것입니다. 캐나다 워털루대 교수인 도나 스트릭랜드는 스승인 제라르 무루 교수와 함께 고출력 초단펄스 발생 기술을 개발해 레이저 물리학에 획기적인 발전을 가져온 공로를 인정받아 수상자로 선정되었습니다.

지금까지 과학 관련 노벨상은 여성 과학자들에게 매우 어려운 목표였고, 특히 노벨 물리학상은 생리의학상이나 화학상에 비해 여성 수상자 수가 훨씬 적은 것이 현실인데요. 도나 스트릭랜드가 역대 세 번째 수상자입니다. 이전 수상자로는 1903년 라듐을 발견하고 연구한 공로를 인정받은 마리 퀴리와 1963년 원자핵의 껍질 구조를 발견한 미국 물리학자 마리아 괴퍼트 메이어 단 두 명뿐입니다.

도나 스트릭랜드 교수는 55년 만에 노벨상을 수상함으로써 여성들 앞에 놓인 유리 천장을 깨부수었습니다. 하지만 완벽히 깨부수었다고 말하기에는 좀 애매한 부분이 있습니다. 뛰어난 업적을 가진 스트릭랜드 교수도 여성으로서 받는 차별은 예외가 아니었던 거죠.

노벨상 수상자 발표 당시의 직위가 교수(professor)가 아니라 부교수(associate professor)라는 것이 논란이 되었는데요. 대부분 노벨상 수상자

2018년 노벨 물리상을 수상한 도나 스트릭랜드. ©EBS

는 교수 이상의 직위여서 노벨상 수상자가 아직 부교수 단계에 머물러 있는 것에 의문을 가진 사람들이 있었습니다. 더구나 발표 며칠 전에 이탈리아 피사 대학의 한 교수가 "물리학은 남성에 의해 만들어졌으며, 여성은 교육과 취업 등에서 능력 이상으로 우대받고 있다"라는 취지의 발언을 해 더 논란이 생겨났습니다.

이 문제에 대해 스트릭랜드가 재직 중인 워털루대학에서는 교수 신청을 하지 않았기 때문이라고 설명했지만, 오히려 승진 신청조차 하지 못하는 분위기와 압력이 있지 않았을까 하는 의구심을 불러일으키게 되었습니다. 이와 관련해 같은 여성인 메인대학교의 재클린 질은 과학 분야 특히 물리학 분야에서의 남녀 차별이 매우 심각함을 지적하였습니다. 이런 차별에도 불구하고 스트릭랜드 교수는 수상 소감에서 이렇게 말했습니다.

"이미 많은 사람들이 남긴 위대한 업적에 힘입어 무루 교수와 함께 환상적인 일을 할 수 있었다. 앞으로 기초 연구를 하는 더 많은 여성 과학자들이 노벨물리학상을 받게 될 것이고, 모든 여성 물리학자들을 더욱 격려해 줄 필요가 있다."

여러분, 도나 스트릭랜드 교수의 수상 소감을 어떻게 들으셨나요? 자신을 둘러싼 논란을 개의치 않고, 성별에 관계없이 기존의 과학자들을 존중하면서 자신을 낮추는 모습이 보이고, 여성 과학자들을 격려한 도나 스트릭랜드 교수. 저는 이 수상 소감을 잊을 수 없을 것 같습니다. 도나 스트릭랜드 교수의 업적을 몰랐다면 아마 저는 아직까지도 기가 죽은 채 좋아하는 일을 선택하는 것을 두려워하고 있을지 모르겠습니다.

여성이라고 해서 과학에 대한 열정, 호기심이 남성에 비해 뒤떨어진다고 생각하시나요? 〈히든 피겨스〉에서 보았듯이 수많은 여성 과학자들이 여성이라는 이유로 차별받는 현실을 견디고 이겨 내고 후대의 여성 과학자들에게 모범이 됐습니다. 스트릭랜드 교수가 55년 만에 세 번째로 여성 노벨물리학상 수상자가 됨으로써 앞으로 많은 여성 과학자들이 그 뒤를 이을 것입니다. 미래에는 여자아이들이 원하는 대로 꿈꾸고, 여성 과학자들이 당당히 과학자라고 자랑스럽게 자신을 소개할 수 있는 사회가 도래했으면 하는 바람입니다.

저는 미래의 공학자를 꿈꿉니다. 아직 어떤 전문 분야를 전공할지 결정하진 못했지만 공대에 진학해 과학 기술로 사람에게 유용한 것을 만들어 삶이 편리하고 윤택해질 수 있는 일을 하고 싶습니다.

제가 공학자가 되기 위해서 공부하고 연구하는 동안 저에게도 여성에 대한 차별은 많은 선배 여성 공학자들이 겪었던 것과 같은 무게로 다가올 것입니다. 많은 여성들이 고민하는 결혼, 육아 등으로 인한 경력 단절부터 여전히 여성보다 남성 비율이 현저히 높은 과학 분야에서 일하는 것이 쉽지 않을 수 있습니다.

하지만 스트릭랜드 교수는 여성 차별 논란의 당사자였음에도 불구하고 그것을 극복하고 과학에 대한 열정과 노력으로 결국 최고 권위의 노벨상을 수상했습니다. 저는 노벨상 수상 기념 강연에서 많은 남성 과학자들을 상대로 보여 준 당당하고 여유 있는 모습을 보면서 많은 용기를 얻었습니다.

사다리에서 사과를 가로막고 있던 유리 천장이 사라져서 손을 뻗으면 닿을 수 있는 세상이 도래했으면 좋겠습니다. 과학은 혼자 하는 것이 아니라고 생각합니다. 특히 학문 간 경계가 무너지고 다학문 간 융합 연구가 필수적인 요즘, 열린 마음과 자세로 다른 과학자들과 협력하는 것은 더 좋은 연구 결과를 얻을 수 있는 첫걸음이라고 생각됩니다. 여성

과학자에 대한 처우 개선과 함께 무의식적 편견이 사라지고 과학 앞에서 남녀라는 이름으로 구분하지 않고 동료라는 이름으로 함께 가며 서로 존중하는 날이 오기를 바랍니다.

지금까지 공학자를 꿈꾸는 이예원이었습니다. 감사합니다.

내일을 향한 한 걸음

방송 이후 서울대학교 자유전공학부에 진학하였습니다. 자유전공학부는 2학년 때부터 세부 전공을 결정하기 때문에 현재 통계학과 컴퓨터공학을 염두에 두고 공부하고 있습니다. 고등학교 1, 2학년 때는 물리, 화학과 같은 순수과학에 관심이 많았는데 다양한 경험을 하면서 공학에 대한 흥미도 높아졌습니다. 그래서 더욱 다양한 분야에 대해 알아보고 구체적 진로를 계획하고자 자유전공학부에 진학하게 되었습니다.

참고하면 좋을 사이트

- 한국여성과학기술인육성재단 wiset.or.kr
- 노벨과학에세이대회 scienceessay.org

영화를 통해
'세상'과 소통합니다

· 청소년 영화감독 채호준 ·

채호준
성일고등학교 3학년

14세, 학교 동아리에서 첫 단편 영화 〈남자의 우정〉을 제작(2015년).
17세, 연출, 촬영, 편집한 단편 영화 〈전학생〉으로
제14회 부산국제어린이청소년영화제 대상을 수상.

㈜ M2e mediaworks_Cinematic Archive / 촬영, 편집팀
웹드라마 제작사 Daego Media / 드라마 연출 감독, 촬영, 조명팀
제15회 부산국제어린이청소년영화제 / 경쟁부문 심사위원
제3회 김포국제청소년영화제 / 청소년 집행위원
제4회 김포국제청소년영화제 / 청소년 집행위원장

단편 영화 <남자의 우정>(2015, 연출·촬영·편집)
-2015 성남시 청소년 제안주간 공모전 최우수상 수상

홍보영상 <유레카 IN THE 성남! 은행식물원>(2017, 연출·촬영·편집)
-제1회 성남시 SNS 콘텐츠 공모전 UCC 분야 우수상

단편 영화 <전학생>(2017 ~ 2018 연출, 촬영, 편집)
-제14회 부산국제어린이청소년영화제 관객인기상 & 맑은바람상 (대상) 수상
 제19회 대한민국청소년영화제 고등부 특선 & 네티즌 인기부문 동상 수상
-제2회 김포청소년영화제 고등부 액션부문 조강의참수리상 수상
-제13회 전북청소년영화제 비경쟁부문 초청상영
-제1회 체코국제어린이청소년영화제 본선상영

단편 영화 <남한산성 수호대>(2018, 조연출·촬영·편집)
-제3회 광주시 남한산성 영화제 대상 수상
-제9회 대한민국 청소년 1318영화제 특별상 수상

단편 영화 <그날, 바다로 가라앉은 목소리들>(2019, 연출·편집)
-2019 안전문화 확산을 위한 청소년 영상 공모전 경기도 교육감상 수상
-세월호 5주기 시민추모문화제 초청상영

단편 영화 <용서>(2019, 연출·촬영·편집)
-제15회 부산국제어린이청소년영화제 비경쟁부문 초청
 -제10회 대한민국청소년1318영화제 장려상 수상
-제7회 춘천영화제 경쟁부문 초청
-제6회 지평선청소년영화제 은상 수상
-제22회 한국청소년영화제 입선 수상
-제8회 광명시전국청소년미디어페스티벌 입선

#청소년영화감독 #위로와공감

안녕하세요. 재밌어서 만든 영화로 어느새 감독이라는 타이틀까지 얻게 된 청소년 영화감독 채호준입니다.

아직까진 감독이라는 타이틀이 조금 쑥스러운데요. 저는 주로 10분에서 20분 정도 분량의 단편 영화를 만들고 있습니다. 중학교 1학년 때 학교 동아리에서 만든 첫 영화를 시작으로 지금까지 총 9편의 영화를 제작했는데요. 주로 청소년 영화제에 작품을 출품했는데 운이 좋게도 몇 차례 수상하기도 했습니다. 그 원동력으로 영화를 계속 만들게 됐던 것 같아요.

영화는 매번 괴롭고 힘든 작업입니다. 17시간을 촬영하고도 다음 날 또 촬영을 이어 가는 경우도 허다한지라 체력의 한계를 느낄 때가 많은데요. 그래서 과로로 응급실에 실려 간 적도 있었습니다. 그럼에도 불구하고 전 5년 동안 꾸준히 영화를 만들었고 이런 경험을 바탕으로 더 큰 영화 무대에 도전해 보는 게 제 꿈이기도 한데요. 고통을 감수하면서도

단편 영화 〈남자의 우정〉 스틸컷.

단편 영화 〈남한산성 수호대〉 스틸컷.

제가 영화에 끊임없이 도전하는 이유, 여러분께 그 이야길 들려드리겠습니다.

지금까지 제가 만든 9편의 단편 영화에선 친구들과의 우정 이야기부터 문화 유산에 관한 이야기까지 다양한 소재를 다뤘는데요. 제 영화들엔 공통점이 있습니다. 영화에서 사회 문제를 조금씩 다루고 있다는 겁니다.

처음부터 그랬던 건 아니었습니다. 초반엔 전 그저 가볍고 재미있는 이야기를 하는 수준이었어요. 남자들은 싸우면서 더 친해진다는 그런 종류의 스토리 말입니다. 그랬던 제가 사회 문제에 관심을 가지기 시작하고, 그 후로 지속적으로 사회 문제를 영화에 녹이는 이유는 무엇일까요?

첫째, 위로와 공감을 주고 싶은 마음

제가 영화에 사회 문제를 다루는 첫 번째 이유는 사람들에게 위로와 공감을 주고 싶어서입니다. 3년 전 광화문 광장을 찾아간 적이 있어요. 먼 발치에서 세월호 유가족분들을 뵀는데요. 직접 뵙는 건 처음이었는데 가슴이 아프고 화가 나더라고요. 세월호 참사는 제가 초등학교 6학년 때 일어났습니다. 그때는 그저 '아 저런 사고가 났구나', '안타깝다' 정도의 생각만 할 뿐이었죠.

그런데 참사가 일어나고 수년이 흘렀지만 유가족들은 여전히 고통받고 있었습니다. 진실조차 규명되지 않았지만 주변에선 세월호 이야기만 하면 인상을 찡그리고 이제 그만 잊어도 되지 않냐면서 비난하는 말들도 자주 들었어요. 세월호 참사는 제 또래의 친구들이 희생당한 끔찍한 사고였잖아요. 만일 비슷한 사고가 또 일어난다면 그땐 내 가족, 내 친구의 일이 될 수도 있다고 생각했습니다. 전 이런 비극이 반복되지 않도록, 그리고 진실이 밝혀지도록 세월호 희생자분들을 위로하고 그들의 아픔을 알리고 싶었습니다.

그래서 제가 잘할 수 있는 영상 제작으로 세월호 희생자들을 기억하고 추모해 보자고 생각했습니다. 어떤 식으로 영화를 만들까 며칠을 고민하던 끝에 문득 뉴스에서 본 세월호 사고 당시 희생자들의 메시지가 떠올랐습니다. 최초 조난 신고부터 세월호가 완전히 침몰하기 전까지 세월호 희생자들이 남긴 마지막 메시지였는데요. 이 메시지를 배우들의 목소리로 녹음해 그날의 상황을 재구성하고 싶었어요.

문제는 20명이나 되는 목소리의 배우들을 구하는 작업이었습니다. 고민 끝에 SNS에 세월호 추모 영상을 제작하고 있는데 참여해 주실 분이 있으실지 요청했는데요. 감사하게도 많은 분이 선뜻 먼저 연락을 주셔서 배우를 구할 수 있었습니다. 작품에 함께 참여한 친구들은 세월호 추모 영상에 자신의 재능을 기부할 수 있어 고맙다고도 했죠.

그렇게 사람들의 따뜻한 마음이 모여 만들어진 작품이 〈그날 바다로 가라앉은 목소리들〉입니다. 세월호 참사 5주기 '기억식'에서 추모 영상으로 상영이 되기도 했는데요. 이걸 본 사람들은 "추모 영상을 만들어 줘서 고맙다.", "그들의 슬픔이 느껴진다. 잊지 않겠다." 하고 소감을 남겨 주셨어요. 이걸 통해 사고의 아픔을 공감했으면 하는 저의 진심이 통한 거 같아 내심 뿌듯하기도 했습니다.

전 고등학교 1학년 때부터 세월호 추모 영상을 만들기 시작해 지금까지 총 2편을 제작했는데요. 하지만 여전히 세월호 참사를 불편해하시는 분들이 많습니다. 세월호 기사에 남겨진 댓글들만 봐도 여전히 입에 담을 수 없는 거친 말들이 오가는데요.

그래서 전 조만간 세월호 추모 영상을 다시 만들어 볼 생각입니다. 세월호를 바라보는 다양한 시선을 담아, 불편해하고 부정적인 생각을 가진 사람들에게 세월호 희생자들과 유가족들의 아픔을 이해시키고 싶거든요.

제가 영화에 사회 문제를 다루는 두 번째 이유는 영화는 기록이라고 생각하기 때문인데요.

"카메라는 불행한 일들과 그들이 잊히는 것에 대한 무기이다."

독일의 영화 거장 빔 벤더스 감독이 한 이 말처럼, 저도 사람들 기억 속에 잊혀 가는 아픈 역사를 재조명해 보고 기록으로 남겨 놓는 것이 영화 중 하나라고 봅니다.

⟨용서⟩의 기억
_위안부 문제를 다루다

제가 만든 영화 ⟨용서⟩에서도 이런 것을 다루어 보고 싶었습니다. 이 작품은 제가 가장 애착을 가진 작품 중 하나이기도 합니다. 일본군 위안부 문제와 학교 폭력 문제를 소재로 다룬 건데요. 제가 위안부 문제에 관심이 생긴 건 고등학교 1학년 때였습니다. 당시 저는 역사와 영상을 함께 다루는 동아리에서 활동했는데요.

그곳에서 만난 선배, 친구들을 따라 일본군 위안부 문제 해결을 요구하는 수요 집회에 몇 차례 참석했습니다. 할머니들과 식섭 대화를 나누진 못했지만 학교 수업만 들었다면 전혀 알지 못했을 역사의 현장이었죠.

일본군 위안부 역사와 남겨진 문제에 대해서도 깊은 이야기를 들을 수 있었습니다. 현재 한국 정부에 등록된 위안부 피해 생존자는 16명입니다. 그간 많은 할머니들이 과거에 겪었던 치욕의 경험을 털어놓으며 세상에 일본군 위안부 실상을 알렸지만, 지금까지 일본의 진심 어린 사과를 받지 못하고 하나둘씩 세상을 떠나고 계신데요. "죽기 전에

영화 ⟨용서⟩ 포스터.

하루라도 편안하게 살고 싶다."라고 호소하는 할머니들의 바람처럼, 저도 빨리 일본의 지속적이고 진정성 있는 사과가 이루어지길 바라는 마음입니다.

그렇게 일본군 위안부에 관심을 갖던 어느 날, 동아리에서 위안부를 소재로 다룬 영화 〈눈길〉을 보고 토론을 했어요. 그 과정에서 친구들과 이런 이야기를 하게 됐습니다. '만일 일본이 위안부 문제에 대해 진정으로 사과한다면 우리는 그것을 받아들일 수 있을까?', '어떤 사과가 진정한 사과일까?'라는 질문으로 시작된 그 이야기는 영화를 만들어야 한다는 생각까지 미치게 됐는데요.

일본군 위안부 역사를 잘 알고 있는 역사 동아리 선후배와 친구가 함께 각본 작업에 참여해 주었습니다. 일본군 위안부를 다룬 많은 영화를 찾아보면서 저희는 일본군 위안부 문제를 어떻게 가장 잘 표현할 수 있을까 고민했는데요. 그 소재로 학교폭력을 생각했습니다. 폭력은 모두에게 씻을 수 없는 상처를 준다는 점에서 본질적으로 동일하다고 생각했거든요. 그래서 저는 팀원들과 토론하며 학교폭력을 표면적으로 그리면서 그 의미를 위안부 문제까지 확장하기로 결정한 거죠. 영화 〈용서〉는 학교폭력 가해자가 피해자에게 수차례 용서를 구하는 장면을 보여 주면서 진정한 화해는 가해자의 지속적이고 진심 어린 사과에서 시작된다는 메시지를 담으려고 노력했습니다.

그렇게 친구, 선후배가 함께했던 이 작품은 최근 지평선청소년영화

제 은상을 시작으로 각종 청소년 영화제에서 수상하면서 좋은 결과로
이어지기도 했습니다. 인간의 비극은 잊지 말아야 할 것을 잊었기 때문
에 시작되었다는 말이 있죠. 전 앞으로도 그런 역사나 사회 문제를 기록
하면서 잊지 않게 만들어 주는 영화를 만들고 싶은데요. 제 영화를 보고
사람들이 아픈 역사에 대해 잊지 않고 다시 한 번 생각하는 계기가 되길
바라는 마음입니다.

영화는 사회 문제를 소통하는 매체

제가 영화에서 사회 문제를 다루는 세 번째 이유는 소통 때문인데요. 사
람들이 가장 쉽고 빠르게 접할 수 있는 매체 중 하나가 영화이기도 하잖
아요. 영화는 크든 작든 사람들에게 제 생각
을 알리고 영향을 끼칠 수 있는 분야라고 생
각합니다.

영화 〈전학생〉 포스터.

　그래서 관객들에게 좀 더 의미 있는 메시
지를 전달하고 싶어 만든 영화가 〈전학생〉
이었어요. 〈전학생〉은 '학교에 간첩이 있으
면 어떨까?'라는 질문을 던진 친구의 상상력
에 의해 만들어진 영화입니다. 겉으로 보기
엔 단순한 첩보 액션 영화이지만 의도는 따

로 있었어요. 그 속에 청소년은 자신의 삶을 결정할 권리가 있고 국가는 국민을 보호할 의무가 있다는 메시지를 담았거든요. 하루 평균 10시간이 넘도록 학업에 집중하느라 자신의 삶을 누리지 못하는 청소년들의 삶을 조명하고 세월호 참사와 연관해 당시 정부의 세태를 비판하는 영화예요.

이 영화를 들고 부산의 한 영화제에 참석했습니다. 관객과의 대화에 참여했는데, 그때 중년 여성 관객분과의 대화가 기억에 남습니다. 이 영화가 청소년의 과도한 교육열을 비판하기도 한 영화라고 말씀드렸잖아요. 그분이 "내용이 과장돼 있긴 하지만 공부에 찌든 삶을 사는 청소년 주인공의 입장이라면 나도 그럴 수 있겠나, 충분히 이해가 된다."라고 하시더라고요.

사실 살아온 세대가 다르다 보니 청소년과 기성세대 간에는 늘 갈등이 쌓일 수밖에 없잖아요. 영화는 한 세대의 정서를 대변한다고도 합니다. 일상에서 벌어지는 사회적인 갈등들을 영화로 풀어 보면서 서로 간의 의견을 좁히고 감정을 교류할 수 있다고 생각합니다.

살다 보니, 꼭 알아야 하고 잊으면 안 되는 세상 속 문제들이 많더라고요. 그런데 이런 문제를 다룬다고 하면 불편해하는 분들도 계셨어요. "청소년이 왜 굳이 사회 문제에 관심을 가지는 거니?"라는 질문도 하시고요. 하지만 전 역사나 정치, 사회 문제들은 결국 똑같은 문제들이 고리를 가지고 반복해서 일어난다고 생각합니다. 우리 주변에서 일어나는 아픈 역사의 비극을 되풀이하지 않기 위해선 똑바로 알고 결코 잊어서는 안 될 이야기들이 있습니다. 전 앞으로 한국 전쟁 이후 고통받으며 살아온 참전 용사들의 삶을 다뤄 보고 싶은데요. '전쟁의 비극 때문에 많은 일반 국민이 피해를 입는다'라는 메시지를 담아 보고 싶습니다.

앞으로 살아갈 세상에 대해 올바른 안목을 가지기 위해선 어릴 때부터 사회 문제에 관심을 가져야 하는 것이 당연하다고 생각하는데요. 그러기 위해선 영화가 가지는 큰 파급력을 항상 기억하고 영화에 올바르고 보편적인 가치를 담기 위해 노력할 겁니다. 언젠가 제가 만든 영화를 본 사람들이 함께 공감하면서 현실을 외면하지 않고 문제 해결에 힘을 모은다면 세상도 바꿀 수 있지 않을까요?

지금까지 청소년 영화감독 채호준이었습니다.

내일을 향한 한 걸음

현재 서울예술대학교 영상학부에서 영화를 전공하고 있다. 기록영상 촬영, 드라마 연출, 조명, 편집 등 분야를 가리지 않고 다방면에서 활동 중이다.

- (사)한국청소년영상예술진흥원 intyca.com
- 영화진흥위원회 kofic.or.kr

5장

불가능에
도전하다

제 마음은
세계 챔피언입니다

· 청소년 종합격투기 선수 신유진 ·

16세, 로드FC 역대 최연소 데뷔 기록을 세우면서
종합격투기 프로 선수로 데뷔했다(2019년).

ROAD FC 역대 최연소 데뷔 파이터.
2019년 굽네몰 ROAD FC 057 XX에서 판정승으로 데뷔전에서 승리했다.

#여고생파이터
#케이지의악바리 #최연소승리

안녕하세요. 저는 다섯 살 때 태권도를 시작으로 축구, 복싱, 주짓수, 그리고 격투기까지 각종 스포츠를 섭렵한 파이터 신유진입니다. 2019년 12월 저는 만 15세 6개월 29일의 나이로 로드FC 역대 최연소 데뷔 기록을 세우면서 종합격투기 프로 선수가 됐는데요. 사실 제가 격투기 선수라고 하면 많이들 놀라세요. 보시다시피 체구도 작고 나이도 한참 어리니까요. 전 오늘 열여섯 살의 나이에 평범치 않은 길을 선택한 제 이야기를 해 보려고 하는데요.

사진 먼저 보여 드릴게요. 여기 두 장의 사진이 있습니다.

왼쪽은 나름 예쁜 척하고 찍은 제 셀카 사진이고요. 오른쪽은 시합이 막 끝난 직후의 제 모습이에요. 눈물 콧물 범벅이죠. 혹시 여러분은 두 장의 사진 중 어떤 모습이 더 예뻐 보이세요? 전 늘 오른쪽 모습을 제 '인생 사진'이라고 소개하는데요. 왜인 줄 아세요?

예쁜 셀카와 데뷔전에서 승리한 후 사진.

전 그 시합에서 최신을 다해 싸웠습니다. 젖 먹던 힘이 이런 기구나, 하는 걸 느꼈다고나 할까요? 저 사실 이날 진짜 힘들었습니다. 앞서 말씀드렸던 작년 12월 있었던 종합격투기 데뷔전이었는데요. 상대 선수는 저보다 한 살 많은 고등학교 1학년이었어요. 저로 말씀드릴 것 같으면, 그 전까지 아마추어 대회에서 5전 전승을 거두고 있어서 솔직히 자신만만했습니다. 근데 프로 데뷔전이라 그런지, 케이지에 서니 생각보다 엄청 떨리더라고요. 초반에 상대 선수의 펀치에 맞아서 잠깐 주춤했습니다. 갑자기 다리 힘이 풀리고 앞이 캄캄하더라고요. 잠깐 위기가 있긴 했지만 제가 또 이쪽 세계에선 '케이지의 악바리'로 통하거든요.

다행히도 2라운드 마지막에 태클 성공을 해서 판정승으로 겨우 승리했습니다. 이 경기에 이기면서 전 최연소 승리까지 기록했는데요. 시합 끝나면 침도 흘리고 초췌해지거든요. 근데 전 그 모습이 화장하고 예쁜 모습보다 아름답다고 생각해요. 시합이 끝나고 난 얼굴에는 온 힘을 다해 최선을 다한 모습이 보이거든요. 끝까지 포기하지 않고 마지막까지 최선을 다했던 이 날의 모습이 전 너무 좋습니다. 그래서 제 인생 사진이라고도 말씀드린 건데요. 지금은 이렇게 절 무척 사랑하게 됐지만 사실 몇 년 전까지 전, 저를 싫어하는 저의 안티였습니다. 지금부터 그 힘든 고백을 해 보려고 합니다.

초등학교 시절, 내 최대 안티는 나였다

아직 길지 않은 17년 인생을 살고 있지만 이 얘기를 꺼내려면 9년을 거슬러 올라가야 합니다. 그때가 제 나이 여덟 살이었는데요. 초등학교 1학년 때부터 친구들과 놀면서 항상 느낀 게 있어요. '친구들이 날 따돌리고 있구나.' 은근히 따돌린다는 말인 '은따'라고 들어 보셨나요? 네, 전 친구들에게 그런 존재였습니다. 애들이 저한테 왜 그랬냐면요. 제가 좋아했던 운동 때문이었습니다. 저는 다섯 살 때 부모님이 이혼하셔서 엄마와 단둘이 살았습니다. 엄만 혼자 장사를 하시면서 힘들게 절 키우셨거든요. 집안 형편이 그렇게 좋은 편은 아니었지만 절 부족함 없이 자라게 해 주려고 노력하셨습니다.

그래서 어릴 때부터 밸리댄스, 발레, 태권도, 피아노 등등 많은 경험을 하게 해 주셨는데요. 적성에 맞지 않아 도중에 다 그만두고 유일하게 태권도만 열심히 다녔습니다. 전 유치원 때부터 다른 여자아이들과는 다르게 축구, 칼싸움 같은 과격한 놀이를 되게 좋아했어요.

초등학교에 다니면서도 남자아이들과 매일 축구도 하고 레슬링 놀이도 하면서 지냈는데요. 전 그저 신나고 좋아서 공을 찼을 뿐인데, 언제부터인지 아이들이 저를 안 좋은 시선으로 보기 시작하더라고요. 축구를 하는 애들 중에 제가 유일한 여자였거든요. 보통 여학생들과 다르게 행동하는 저를 못마땅하게 생각하는 거였습니다. 여자애가 왜 이렇게 노냐면서 또래 여자아이들도 절 무시했고요.

같이 노는 남자아이들이 있었지만 그 아이들노 설 싫어했어요. 제 외모를 비하하기도 하고 저 빼고 따로 얘기하거나 축구 경기를 할 때도 자기들끼리 말을 맞춰 놓고 일부러 절 지게 만들어서 벌칙을 당하게 했습니다.

좋아해서 했던 운동인데 친구들에게 전 이상하고 특이한 사람이 되어 있었습니다. 제가 나름 성격도 강하고 활발한 편이었는데 그런 일을 오랫동안 겪다 보니 사람이 확 주눅이 들더라고요. 점점 말수도 줄었고 자신감도 뚝 떨어졌습니다. 누가 옆에서 수군대기만 해도 내 얘길 하는 것 같은 피해의식까지 생겼어요.

겉으로는 강한 척했지만 속으론 너무 힘들었습니다. 아침에 눈 뜨기가 싫었고 학교도 나니기 싫었습니다. 당시 초등학생이었던 전 집에 가서 혼자 우는 날도 많았어요. 엄마에겐 아프다는 핑계를 대고 학교에 가지 않은 적도 있었습니다. 따돌림을 당한다는 얘긴 엄마한텐 차마 할 수가 없었습니다. 저 키우시느라 밤늦게까지 고생하시는 엄말 걱정시켜 드리고 싶지 않았거든요.

근데 그렇게 다른 사람한테 상처받으면서 마음이 부러지고 다치다 보니 이상하게 그 원망이 나를 향하면서 제가 절 괴롭히기 시작했습니다. 자책할수록 제가 죽도록 밉고 싫었습니다. 외모 콤플렉스도 생겼습니다. '누가 나 같은 사람을 사랑해 주겠어.'라는 생각만 들더라고요. 가장 행복했어야 할 초등학교 시절에 전 6년 동안 자존감이 많이 낮아지면서 참 많이 힘든 시간을 보냈습니다.

복싱을 시작하다
_내 본능이 깨어난 순간

그러던 어느 날, 제가 초등학교 6학년 때였어요. 학교를 마치고 집으로 가는 길에 우연히 한 전단지를 보게 되었는데요. 복싱장에서 회원을 모집한다는 광고였습니다. 그 전단지가 하늘에서 내려온 동아줄 같았습니다. 복싱이라는 운동이 멋있고 강한 스포츠라고 느꼈던 것 같아요. 그걸 보고 이런 생각을 했거든요 '나도 강한 사람이 되고 싶다.', '강해져서 날 괴롭히는 애들을 때려 줘야지.' 하는 생각은 아니었고요. 그냥 복싱을 하면 누구도 절 비난하거나 함부로 대할 수 없는, 그런 사람이 될 것 같았습니다.

그날 이후 전 본격적으로 복싱을 배우게 됐습니다. 그러면서 오랫동안 잊고 있던 제 본능이 되살아났습니다. 어쩌다 보니 3개월 만에 아마추어 시합을 나가게 됐는데, 시범 경기로 남자선수와 시합을 하게 됐습니다. 그날이 바로 난생처음 링 위로 올라간 순간인데요. 이 무대에서 끝까지 버텨 낼 수 있을지 걱정이었습니다. 링 안에서 저는 또 혼자였으니까요.

결과는 어떻게 됐을까요? 제가 이겼습니다! 진짜 인생 최고로 기쁜 순산이었습니다. 시범 경기였지만 이날의 승리는 저에게 참 남달랐습니다. 사실 복서가 되려면 엄청난 훈련을 견뎌 내야 하기 때문에 노력과 끈기 없이는 불가능하거든요. 경기에서 이긴 것도 좋았지만 무엇보다 처음으로 저 스스로 무언갈 해내고 그간의 노력을 버텨 냈다는 성취감이 더 컸습니다. 살면서 처음 느껴 보는 감정이었어요.

내 안의 자존감을 되찾다
_극한의 노력과 데뷔전 우승

이후 자신감이 생긴 저는 아마추어 복싱 대회에서 21경기를 치르게 됐고 모든 경기에서 승리했습니다. 그러다 보니 신기하게도 링 안에서의 경험들은 저를 괴롭히던 제 안의 자존감도 다시 회복시켜 주었습니다. 그렇게 복싱을 시작으로 주짓수를 거쳐 전 지금 종합격투기 선수의 길을 걸어가고 있습니다.

종합격투기를 하면서 저는 다시 한 번 인생의 위기를 느끼게 되는데요. 학교 마치면 버스로 40분 되는 거리의 체육관을 왔다 갔다 하며 오후 2시부터 밤 11시까지 하루에 9시간씩 운동을 했습니다.

워낙 어릴 때부터 운동을 해 왔기 때문에 운동을 하는 것 자체는 그렇게 힘들다는 생각을 안 했어요. 그런데 종합격투기가 운동만 열심히 하면 되는 운동은 아닙니다. 체급별로 시합을 치르기 때문에 체중 감량도 해야 하거든요. 데뷔전 때 제가 48킬로그램 체급에 도전했는데요.

그 당시 제 몸무게가 58킬로그램이었으니까 총 10킬로그램을 감량해야 했습니다. 기간은 3~4주밖에 없었어요. 지옥 같은 생활이 따로 없었습니다. 저는 거의 매일 한두 시간씩 산을 오르고요. 저를 단련하기 위해서 저보다 체급이 높고 기술이 뛰어난 남자 선배님들과 스파링을 했습니다. 제가 좋아하는 치킨, 떡볶이, 라면 이런 건 쳐다보지도 못하고 단백질 위주로 철저한 식단 관리를 해야 했고요. 그걸 먹고 어떻게 사느냐는 걱정까지 들으면서 어떻게든 버텨 나갔는데요.

아, 지금 생각해도 이 생활은 말로 표현할 수가 없어요. 정말 고통스러웠습니다. 그렇게 강도 높은 체력 운동도 병행하면서 체중을 감량하려고 하니까 체력적으로도 힘들지만 정신적으로 힘든 게 더 크더라

고요.

　그러던 어느 날, 단단한 줄 알았던 제 정신력도 흔들리기 시작했습니다. '이렇게 힘든 운동을 왜 해야 하지?' 그 무렵에는 가뜩이나 기술도 많이 부족해서 자신감이 떨어져 있었던 상태였거든요. 진짜 밤늦게 운동 끝나면 매일 울면서 심야버스 타고 집에 갔어요. 그냥 여기서 모든 걸 다 끝내고 싶은 유혹이 수시로 절 괴롭혔지만 힘들고 어려운 상황을 참고 참으니, 전 어느새 데뷔전에서 최연소 우승을 거둔 종합격투기 선수가 되어 있었습니다.

마음의 근육을 단련해야 한다

그러고 보면 마음도 몸의 근육처럼 단련이 될수록 더 강하고 단단해지는 게 맞나 봅니다.

　데뷔전을 치르고 나서 제 기사를 보는데 댓글들이 자연스럽게 보이더라고요. 그런데 악플들이 참 많은 거예요. '어린 나이에 시합 나가는 거 자체가 말이 안 된다.', '좀 이상한 것 같다.' 같은, 절 비난하는 내용들이 적혀 있었어요. 그리고 제 주변에선 여자가 왜 그런 운동을 하느냐고, 편견 어린 시선으로 보시는 분들도 많이 계십니다.

　예전 같으면 이런 말에 흔들리고 상처받았을 텐데 요즘엔 정말 아무렇지 않아요. 마음이 단단하면 상처에 강하다는 말이 있잖아요. 누군가

한 사소한 말에도 쓸데없이 의미를 부여하고 온종일 신경 썼던 제가 이 젠 전혀 개의치 않는다고 할까요? 저 스스로의 삶에 자신감과 자부심이 생기니까 그 어떤 부정적인 생각도 끼어들 자리가 없었습니다. 그러면서 저 자신도 더 사랑하는 법을 배웠고요. 그러다 보니 앞으로 나아갈 수 있는 힘도 생기고 꿈도 생겼습니다.

전 아직 프로 성적 3승이 전부인 햇병아리에 불과한 파이터지만 미래 저의 꿈은 세계 챔피언입니다. 아직 가야 할 길도 멀고요. 넘어야 할 산도 많습니다.

과거 종합격투기는 남자 파이터들의 전유물이었습니다. 그 단체 중 하나인 UFC를 만든 데이나 화이트 대표는 UFC에서는 여성 경기를 도입할 생각이 없다고 단호히 말했는데요. 여성들의 경기는 남자들의 경기에 비해 수준이 낮고 팬들의 인기를 끌지 못한다는 이유였습니다.

하지만 이런 데이나 화이트 대표의 편견을 완전히 깨뜨린 사람이 있었습니다. 유도 선수였던 론다 로우지는 2008년 베이징 올림픽 동메달을 딴 이후 유도 생활을 접고 종합격투기 선수로의 새 삶을 시작했는데요. 론다 로우지는 여자를 무시하는 많은 사람의 모욕과 시련에도 자신을 단련시키며 꿋꿋이 버텨 나갔습니다.

그렇게 준비한 대회에서 론다 로우지는 화끈하고 압도적인 기량을 선보였는데요. 남자 경기 못지않았던 그녀의 실력에 팬들의 반응은 아주 뜨거웠습니다. 이 경기에 매료된 데이나 화이트 대표는 결국 2년 만에 말을 바꿔 여성부 체급을 만들었고, 론다 로우지는 UFC 최초의 여성 챔피언에 등극했습니다. 데이나 화이트 대표는 "론다 로우지가 없었다면 여성부를 만드는 건 아예 생각도 하지 못했을 것"이라고 말했죠.

제가 처음 복싱을 하고 지금의 격투기 선수가 될 수 있었던 건 운동에 대한 편견 없이 절 지지하고 응원해 준 엄마 덕분이었습니다. 예전에 비해 격투기를 하는 여성 파이터들이 늘어나고 있지만, 대한민국에서 여자 격투기에 대한 세상의 시선은 여전히 불편하기만 합니다.

저도 론다 로우지처럼 여자 경기는 지루하고 재미없다는 편견을 깨 버리는 데 당당히 일조하고 싶은데요. 앞으로 한결 단단해진 몸과 마음으로 세상의 편견에 당당히 맞설 겁니다. 링 위에서 치열하게 경기하지만, 상대 선수와 마주 설 때마다 매번 긴장이 되는데요. 서른 살 이전에 세계 최고가 되겠다는 뚜렷한 목표가 지금의 저를 지탱해 주는 힘입니다.

앞으로도 살아가는 내내 많은 두려움과 고통이 따르겠지만 제가 운동을 통해 얻은 에너지를 발판 삼아 매 순간 후회 없이 노력하면서 최선을 다할 겁니다. 그러다 보면 제가 꿈꾸던 그 꿈이 이뤄지지 않을까요?

지금까지 격투기 세계 챔피언을 꿈꾸는 신유진이었습니다. 감사합니다.

===== (**내일을 향한 한 걸음**) =====

앞으로의 행보요? 꾸준히 열심히 해서 꿈을 이루기 위해 끊임없이 경쟁하고 성장해 나갈 것입니다!

===== (**참고하면 좋을 사이트**) =====

• 로드FC 홈페이지 *roadfc.co.kr*

세상을
학교로 삼다

· 학교 밖 청소년 함은세 ·

18세, 배낭을 메고 세계를 향해 여행을 시작했다(2019년).

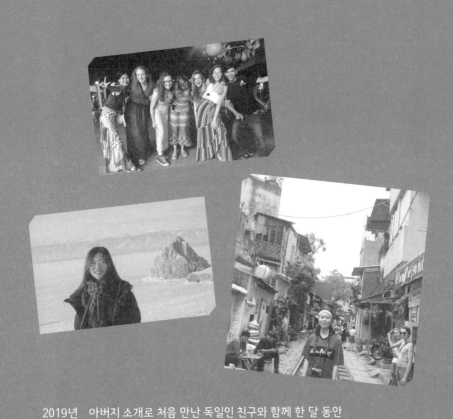

2019년 아버지 소개로 처음 만난 독일인 친구와 함께 한 달 동안
        베트남과 캄보디아의 11개 도시를 여행했다.
2020년 러시아 횡단 열차 위에서 즉흥적으로 한국행 비행기 표를 취소하고,
        그 길로 동유럽 여행을 떠났다.

#책가방대신배낭 #학교대신여행
#학생아니고여행가

안녕하세요. 저는 올해 열아홉 살 함은세라고 합니다. 제가 메고 온 정체 모를 가방이 궁금하신가요? 바로 배낭입니다. 이 배낭은 저한테 굉장히 특별한데요. 저의 첫 배낭여행을 함께한, 추억이 고스란히 담긴 배낭입니다. 열여덟 살이 되던 해, 학교 가방 대신 배낭을 메고 떠났던 낯선 곳에서 만난 운명 같은 낯선 사람들! 그 흥미로운 이야기를 지금 시작해 볼까 합니다.

학생이 어떻게 배낭여행을 갔을까? 학교를 안 다닌다는 건가? 네, 맞습니다. 제 삶을 뒤바꾼 아주 커다란 사건이기도 한데요. 저는 오랫동안 건강 문제로 인해 고통을 겪었습니다. 1년에도 여러 번 입원할 만큼 몸과 마음이 많이 아팠습니다. 결국 학교를 다니는 건 어려울 것 같다는 생각이 들었고, 부모님이 권유하시기도 해서 고민 끝에 학교를 그만두었습니다.

그때부터 친구들과는 다른 '학교 밖 청소년'으로서의 생활이 시작되었습니다. 하지만 학교 대신 집에 있는 건 워낙 낯선 일이었기에 점차 지루함이 밀려왔죠. 그러다 한 달 반 정도가 지났을 무렵, 아빠가 뜬금없이 제게 이런 얘기를 하셨어요.

"외국인 친구 가이드 좀 해 볼래?" 아빠 지인분이 조카처럼 여기는 독일인 친구가 한국에 여행을 오는데, 또래인 제가 가이드를 해 줬으면 좋겠다는 제안이었습니다. 전 황당한 얼굴로 아빠를 바라봤죠. '한국인도 아니고 외국인을 가이드해 달라고? 게다가 독일어도 못하는데?' 불안감이 밀려왔지만 그래도 심심하던 차에 새로운 경험이 될 것 같았습니다.

저는 제안을 수락했고, 스무 살의 독일인 친구 아글라이를 만났습니다. 아글라이는 한국과 일본을 거쳐 베트남과 캄보디아를 여행할 예정이라고 하더라고요. 속으로 '와, 대단하다.'를 외쳤지요. 부러워진 순간, 또 하나의 생각이 머릿속을 스쳤습니다. '나도 가고 싶다!' 이 얘기를 할까 말까 한참을 고민하다가 아글라이에게 "나도 같이 가도 될까?" 물었는데, 아글라이의 대답은 너무나도 간단했습니다. "안 될 게 뭐 있어? 좋지!"

그렇게 정확히 한 달 동안 베트남과 캄

독일인 친구 아글리아와 찍은 사진.

보디아의 11개 도시를 누볐습니다. 몇 달, 심지어는 몇 년 동안 전 세계를 여행하는 멋진 여행자들을 심심찮게 만날 수 있는 요즘, 한 달이란 기간은 그리 길지 않을 수도 있지만, 여행은커녕 혼자 무언가를 해내는 게 어렵게만 느껴지던 열여덟 살에게 그 한 달은 어디서도 배울 수 없는 값진 경험으로 꽉 채워진 눈부신 시간이었습니다.

그리고 이 여행을 통해 저는 저 자신이 생각보다 생존력이 강하고 용기 있는 사람이라는 걸 알게 되었어요. 한번 여행을 다녀오니 새로운 곳에 가 보고 싶다는 욕구가 마구 피어올랐죠. 만약 다시 배낭여행을 떠나게 된다면, 분명 더 즐겁게 세상을 돌아볼 수 있을 것 같았습니다.

모스크바에서 동유럽까지
─즉흥의 연속이었던 두 번째 여행

그러던 와중에 떠나게 된 두 번째 배낭여행도 사실 굉장히 즉흥적이었습니다. 친한 친구의 SNS에 올라온 글 하나가 여행의 시작이 되었는데요. "러시아 여행 가고 싶다……. 나랑 같이 갈 사람?"

전 그 글을 읽자마자 친구에게 메시지를 보냈죠. "나랑 같이 갈래?" 친구는 좋다며 제 제안을 받아들였습니다. 이튿날 저희는 속전속결로 표들을 예매했고, 그렇게 '아주 얼떨결에' 여행을 떠나게 되었습니다. 열심히 아르바이트를 하며 모은 돈이 여행 경비가 되었습니다. 결정한

지 열흘 만에 출국하는 어마무시한 스케줄도 저에게는 모험의 매력을 배가하는 재미있는 과정처럼 느껴졌습니다.

러시아 블라디보스토크에서 시베리아 횡단 열차를 타고 여행하는 일정이었는데요. 그때 저는 그 열차 안에서 2020년 1월 1일 새해 첫날을 맞았거든요. 객실 안의 시

러시아 횡단 열차 안에서 만난 사람들.

계가 자정 12시를 가리키는 걸 보며 머나먼 이국땅 위에서 "새해 복 많이 받으세요!"를 외치던 광경은 아마 평생 잊지 못할 거예요.

그리고 이 열차에서 저는 일생일대의 선택을 합니다. 한국으로 돌아가는 비행기 표를 취소한 겁니다! 사실 이것 또한 좀 즉흥적이었는데요. 저와 제 친구는 모스크바에서 한국으로 돌아갈 예정이었는데, 이 일정을 들은 한국인 여행자 언니가 "코앞에 상트페테르부르크를 두고 돌아가는 건 너무 아쉽지 않아?"라고 이야기하는 거예요. 그 말을 듣자 제 마음이 갈대처럼 흔들렸습니다.

그러나 촉박한 일정을 쪼개 상트페테르부르크까지 가게 된다면 보나 마나 더 길게 여행을 하고 싶을 게 뻔했습니다. 하지만 어쩌면 이것도 운명일 수 있지 않을까 싶었고, 저는 결국 3주간의 러시아 여행에 더해 한 달간의 동유럽 여행까지 하게 됩니다.

원래 예정에 있었던 모스크바에 노착한 후 친구는 한국으로 돌아가

고, 저 혼자 떠나게 된 동유럽! 조금은 두렵고 무서웠지만, 한편으로는 첫 배낭여행을 떠났을 때처럼 가슴이 벅차오르고 설레었습니다. 그럼 이제 그곳에서 겪었던 일들 두 가지를 여러분과 함께 나누며, 제가 얻게 된 깨달음을 이야기해 볼까 합니다.

개인이 사회 그 자체는 아니다
_슬로베니아와 부다페스트

먼저 슬로베니아로 가 보겠습니다. 종착지로 생각했던 헝가리 부다페스트에 너무 오래 머물게 되자 저는 즉흥적으로 슬로베니아로 향했습니다. 다른 동유럽 국가들에 비해 잘 알려지지 않은 슬로베니아에 큰 기대를 걸지 않았던 제 예상을 뒤바꿀 만큼, 슬로베니아는 무척 사랑스럽고 아름다웠습니다.

하지만 그곳에서의 기억이 반짝이는 가장 큰 이유는 함께한 친구들 때문이에요. 류블랴나의 호스텔에서 만나 슬로베니아의 보석, 알프스의 눈동자로 불리는 블레드로의 여정에 동행했던 멕시코 친구 맥스와 이스라엘 친구 '한'은 지금까지도 제 머릿속에 강렬하게 남아 있습니다.

블레드 호수 앞 레스토랑에서 케이크와 아이스크림을 먹으며 했던 이야기는 시시콜콜한 것들이었지만, 무엇과도 비교하기 힘들 정도로 즐거웠습니다. 특히 한국인이기에 일상처럼 받는 민감한 외교 정세에 대한 질문들이 얼마나 스트레스인지 얘기하자, 한이 "I am a person, Not a country."라고 대답하라며 조언해 주었던 일이 지금도 생생합니다.

이런 이야기를 해 준 친구는 또 있었습니다. 헝가리 부다페스트의 호스텔에서 만난 이 친구, '사마'의 첫인상은 그리 좋지 않았습니다. 절 보자마자 "니하오."라고 했기 때문인데요. 어느 나라에서 왔는지 묻는 대신, 일방적으로 아시안을 모두 중국인으로 판단해 버리는 인종차별을 여러 번 겪어 왔기에 그 친구의 말이 언짢았습니다.

하지만 첫 만남 이후로 한참이나 보지 못했던 그 친구가 제가 슬로베니아에서 돌아오니 제 옆 침대를 배정받았더라고요. 이야기를 나누다 보니 첫 만남 때 본인이 중국어를 열심히 공부 중이라서 제가 혹시 중국인인가 싶어 "니하오."라고 했다며, 핑계처럼 들리겠지만 용서해 달라고 진심으로 사과를 건넸습니다.

그런데 이야기 도중 사마의 출신 국가가 어딘지 모른다는 걸 깨달았습니다. 제가 어느 나라에서 왔냐고 묻자, 사마는 직접 맞춰 보라며 힌트를 줬어요. 서남아시아에 위치한, S로 시작하는 나라라고요.

전 그때 깨달았습니다. 사마는 시리아 난민이었던 거예요. 나중에 얘기를 들어 보니, 사마는 시리아에서 난민 신청을 하고 건너와 헝가리 대학에서 공부 중이었습니다. 한국과 시리아 모두 혼돈의 역사를 가진 탓에 저희는 보다 깊은 대화를 나눌 수 있었죠.

그리고 사마는 제게 재미있는 얘기도 들려줬습니다. 본인이 터키에

갔을 때 한국인 여행자를 만났는데, 자기 이름이 사마이고 시리아에서 왔다는 걸 듣자마자 줄행랑을 쳤대요. 그러면서 사마는 이런 말을 해 주었습니다.

"하지만 그 사람이 한국인인 건 중요치 않아. 난 가끔 이런 생각을 하거든. 개인이 모여 사회를 만드는 건 맞지만, 개인이 사회 그 자체는 아니라고. 그래서 아무리 혼란스러운 사회라도 바뀔 가능성이 있는 것 같아. 그 안에 좋은 개인들이 있으니까 말이야. 너처럼 좋은 한국인도 많잖아."

여행을 통해
나 자체로 살아가는 법을 배우다

어떠신가요? 슬로베니아에서 만난 한과 헝가리에서 만난 사마의 이야기가 왠지 일맥상통하지 않나요? 자퇴 전, 몸이 아프면서도 전 늘 정상적으로 여겨지는 틀에서 벗어나지 않기 위해 안간힘을 썼습니다. 그러나 학교를 그만둔 후 여행을 통해 만난 세상은 '나 자신 그 자체로 살아가라'라고 일깨워 주었습니다. 일반적인 사회와 관계 안에 속하지 못하는 저 자신을 원망하거나 탓하지 말고 말이죠. 한과 사마가 말했듯이 자기다움을 잃지 않는 개개인이 모여 만든 공동체야말로 진정 아름답고 긴강할 데니까요.

그렇게 저는 여행을 통해 오랫동안 부정해 오던 있는 그대로의 저 자신을 받아들이고 사랑하게 되었습니다. 아프고 힘겨웠던 날들을 겪어 냈던 과거의 저도, 일반적인 인생과는 조금 다른 삶을 살아가는 중인 현재의 저도, 오롯이 '함은세'이며 '함은세의 세상'이라는 것을 알게 된 거죠.

실제로 첫 여행을 떠나기 전의 저와 첫 여행 후의 저, 그리고 두 번째 여행 후 지금의 저는 완전히 다른 사람과도 같습니다. 예전의 저는 유약하고 겁 많은 어린아이였던 반면, 이제는 아무리 어려운 상황이 생겨도 늘 "그 먼 타지에서도 혼자 꿋꿋이 살아남았는데 뭔들 못 이겨 내겠어?"라는 생각과 함께 씩씩하게 도전할 수 있게 되었습니다.

그래서 이제는 여행을 떠나지 않아도 저의 삶을 사랑할 수 있게 되었어요. 원효대사가 당나라에 가지 않고 해골 물을 통해 깨달음을 얻은 것처럼, 저 역시 배낭여행 전의 저와는 다르게, 멀지 않은 일상에서 삶의 소중함과 눈부심을 알아차리는 힘이 생겼거든요. 그렇게 저는 일상의 터전을 인생의 학교로 삼고 익숙한 모습의 사람들을 스승으로 여기게 되었습니다. 그리고 이렇게 변화한 저 자신이 너무나도 대견하고 자랑스럽습니다. 자신에 대한 믿음과 사랑. 그것이야말로 여행이 안겨 준 가장 값진 선물입니다.

그 기적 같은 배움 덕분에 '인생'이라는 여행도 두렵지 않습니다. 아니, 두려운 마음조차 사랑스럽습니다. 힘겨운 난관들도 흥미진진한 모험으로 여기게 된 저의 내일이 너무나도 기대되는 매일매일을 살고 있습니다. 그렇게 자기다움을 잃지 않고 하루하루를 살아가다 보면, 또 어디선가 멋진 배움을 얻을 수 있겠죠?

이제 마지막으로 제가 가장 사랑하는 문장을 나누며 여러분께 인사드리려고 합니다. 바로 '우주는 나의 편! 내가 우주니까!'라는 말인데요. 제가 정말 존경하는 선생님께서 해 주신 이 말을, 전 늘 아침에 눈을 뜨면 습관처럼 외칩니다.

제가 여행에서 자신이 유일무이한 우주이며 완전한 세계라는 것을 깨달았던 것처럼, 여러분께서도 매 순간 자기다움을 간직한 채 여러분이 우주 그 자체라는 사실을 잊지 않고 살아가셨으면 좋겠습니다. 그리고 나중에 어디선가 절 만나신다면, 꼭 제게 인사해 주세요. 제가 여러분을 스승 삼아 인생이라는 여행길에서 앞으로 더 나아갈 수 있도록 말이에요. 감사합니다!

문화 매거진 〈쿨투라〉에서 기명 칼럼 '너희가 MZ를 알아?'를 연재 중이며, 미얀마 민주화운동을 후원하고 현지에 예술학교 설립을 준비하는 '사람예술학교'를 돕고 있습니다. 자퇴라는 초유의 선택과 그 이후의 다양한 경험들에 대해 하고 싶은 말이 많아 교육 에세이 출간을 앞둔 상태입니다. 앞으로도 '인생 재미있게 살기 프로젝트'라는 명목으로 남들이 가지 않는 길을 걷는 게 꿈이에요.

참고하면 좋을 사이트

· 외교부 해외안전여행 0404.go.kr
· 문화잡지 쿨투라 cultura.co.kr

여러분의 즐거움은 무엇인가요?

· 제1호 장애인승마 국가대표 허준호 ·

17세, 대한민국 최초 장애인승마 국가대표가 되었다(2019년).

2013년   전라남도영산강배 전국장애인승마대회 우승

2014년   전라남도영산강배 전국장애인승마대회 우승

2015년   전라남도영산강배 전국장애인승마대회 우승

            전주기전대총장배 전국장애인승마대회 2위

2016년   전라남도영산강배 전국장애인승마대회 우승

            전주기전대총장배 전국장애인승마대회 우승

2017년   전라남도영산강배 전국장애인승마대회 우승

            전주기전대총장배 전국장애인승마대회 우승

2018년   전주기전대총장배 전국장애인승마대회 우승

            창녕우포배 전국장애인승마대회 우승

2019년   전라남도영산강배 전국장애인승마대회 우승 / 최우수선수상

            전주기전대총장배 전국장애인승마대회 우승

            경주시장배 천마전국장애인승마대회 우승

            대구광역시 장애인승마 어울림대회 우승 / 비공식

2020년   장애인승마 국가대표 선발전 최고점 1위 / 제1호 국가대표

2021년   장애인 국가대표 선발전 2년 연속 선발

#장애인승마국가대표
#선청성장애 #괴롭힘극복

안녕하세요. 놀이동산에 가서 롤러코스터를 탔을 때 여러분은 어떤 기분을 느끼나요? 긴장되기도 하지만 짜릿한 스릴을 느끼죠! 하지만 무엇보다, 정말 재밌고 즐겁다는 기분이 드는 거 아닐까 싶은데요. 저는 롤러코스터가 아닌 말 위에서 바로 그런 긴장과 스릴, 그리고 무엇보다 즐거움을 느끼는 장애인승마 국가대표, 허준호입니다.

아마 다른 친구들은 무대에 서서 강연을 했을 텐데요. 저는 오늘 앉아서 이야기를 할까 합니다. 제 소개를 할 때 장애인승마 국가대표라고 했을 때 아셨겠지만, 저는 몸이 좀 불편합니다. 태어날 때 산소결핍으로 인해 뇌 손상이 와 오른쪽 부분에 장애가 생긴 건데요.

누구도 예기치 않았고 그 누구도 원하지 않았던 상황이지만 그건 현실이었고, 그런 상태로 살아야 하는 건 제게 주어진 운명이었습니다.

사실 전 어렸을 때 장애에 대해 몰랐습니다. 내가 몸이 좀 아픈가 보다 하는 생각이었거든요. 그런데 초등학교 5학년 되던 해였던 것 같습니다. 친구들이 저를 대하는 태도가 다르다는 것을 느꼈는데요. 예전과 다르게 친구들이 저를 놀리고, 따돌리는 거죠. '나한테 왜 이러지?'라는 생각이 들었는데. 저는 이 한마디로 알게 됐습니다. 한 친구가 저에게 '장애'라는 말을 꺼냈거든요.

저는 그때 장애의 정확한 의미를 몰랐고 엄마에게 물어봤죠. 그때 엄마는 장애에 대해 설명해 줬고, 저는 제가 뇌병변 장애라는 걸 알게 됐습니다. 일반인과 다르다는 걸 알게 된 거죠. 사실, 많이 힘들고 슬펐습니다. 왜 나는 이런 모습일까…….

그런데 저를 더 힘들게 한 건, 점점 더 심해시는 친구돌의 괴롭힘이 었습니다. 일부러 툭툭 밀어서 넘어뜨려 다치게도 하고요. 제가 보행상 어려움이 있어서 엘리베이터를 타고 다녔는데 어떤 제가 엘리베이터 못 타게 일부러 붙잡고 있기도 했고요. 제 신발 주머니를 숨겨서 수업이 끝나고 바로 집으로 가지 못했던 일도 있었죠. 학급 단톡방에서는 인신 공격에 언어폭력까지 겪어야 했습니다.

결국 이 상황을 부모님께서도 알게 되셨고, 학교폭력위원회가 소집 됐죠. 참 힘든 시간이었습니다. 그런데 생각해 보니 그 친구들이 장애에 대해서 잘 몰랐던 부분이 있었을 것이라는 생각이 들었고, 무엇보다 그 친구들이 저에게 진심 어린 사과를 하는 모습을 보면서 저는 용서를 해야겠다는 생각이 들었습니다. 친구들은 사신들이 저지른 일들이 왜 잘

못됐으며 어떤 일을 저지른 것인지를 알았기에 다시는 같은 잘못을 반복하지 않을 것이란 믿음이 생긴 거죠. 그리고 저는 학폭위를 중단시켰습니다.

사과와 용서 그리고 도전
_인생 선생님과의 만남

많은 분들이 그럽니다. 아니, 어떻게 용서를 할 수 있었냐고요. 제가 이렇게 친구들의 사과를 받아 주고 용서하고, 힘든 시간을 이겨 낼 수 있었던 건 언제나 저를 응원해 주시는 부모님이 있기에 가능했습니다. 제가 가진 장애는 몸이 좀 불편할 뿐 다른 사람들과 다른 게 아니라는 점을 늘 말씀해 주셨는데요. 저는 저를 괴롭힌 친구들이 바로 이런 점을 몰랐을 것이고, 서로 힘든 시간을 겪었지만 이후에는 분명 이 점을 깨달았다고 생각하기 때문입니다.

이런 부모님의 말씀은 늘 저에게 힘이 됐고, 제가 뭔가를 하는 데 있어서 늘 도전하게끔 만들어 주셨던 것 같습니다. 이런 저의 도전 정신을 더욱 키워 주고, 제가 가진 장애가 문제가 될 수 없다는 걸 느끼게 해 준 분이 한 분 더 있는데요. 바로 수영 선생님입니다. 허리의 힘을 키우기 위해 수영을 시작했는데, 다른 친구들에 비해 쉽지 않은 상황이었죠. 하지만 이 선생님은 모든 과정을 다른 친구들과 똑같이 수행하게 했습니다. 친구들과 진도를 맞추려다 보니 저는 저 나름의 방식으로 수영을 익혔고, 선생님은 거기에 조금씩 도움을 주셨는데, 저는 훨씬 더 재미있고 즐겁게 수영을 배웠던 거 같습니다.

제가 장애인임에도 선생님은 그건 수영하는 데 문제가 없다고 했고, 장애 자체를 편견으로 보지 않으셨어요. 그때 수영하는 영상을 보고 엄마가 해 주신 말이 기억에 남는데요. 어떤 아이가 수영을 하고 있는데 왼쪽으로 팔을 저을 때는 문제가 보이지 않는데 오른쪽으로 방향을 바꾸면 한동안 물속에서 나오지 않아서 깜짝 놀랐는데 알고 보니 저였다는 거죠. 굉장히 힘들 것 같은데도 멈추거나 포기하지 않고 계속하더라는 거예요. 사실 그때 서는 굉장히 재미있었거든요. 수영하는 시간이 즐거웠고요.

재활하다가 만난 운명
_본격적으로 승마를 시작하다

그런데 정말 믿을 수 없는 일이 일어났죠. 선생님께서 암에 걸렸고, 세상을 떠나셨습니다. 선생님이 없는 수영장은 저에게 그냥 차가운 물이었습니다. 즐거움이 사라졌던 거죠. 한동안 힘든 시간이었는데, 그로 인해 저는 한 가지 생각을 하게 됐습니다. 수영 선생님과 함께할 때처럼 나는 뭘 할 때 즐거울까 하고 말이죠. 곰곰이 생각해 보니, 하나가 더 있었습니다. 바로 말 탈 때였습니다.

장애로 인해 척추측만증이 심해져
재활 승마를 했었는데요. 커다란 말의
크기에 놀랄 법도 한데, 처음 말을 대했
을 때 마치 집에서 키우는 반려견처럼
편안했던 기억이 납니다. 그리고 말들
과 함께 있으면 즐겁고 좋았어요. 그렇
게 재활로 시작한 운동이었는데, 제가

승마를 시작했을 무렵의 허준호 학생.

타는 모습을 보고는 소질이 있는데 선수 생활을 해 볼 의향이 있냐는 권
유를 받았습니다. 그렇게 3학년 때부터 승마를 했는데 저는 제가 말을
탈 때 즐겁다는 걸 시간이 갈수록 깨닫게 됐습니다. 대회를 나가면 성적
도 꽤 좋았고요.

국가대표가 되다
_꿈꾸던 도전에서 해야 할 도전으로

이렇게 즐겁게 즐기기 시작하니까 기적 같은 일도 일어났습니다. '장애
인승마 국가대표 선발전'에서 국가대표 타이틀을 거머쥔 겁니다. 제 안
에 이 정도까지의 능력이 있으리라고는 생각도 해 보지 않았거든요. 그
저 꿈처럼 언젠가 국가대표가 돼 가슴에 태극기를 달고 세계선수권대

제1호 장애인승마 국가대표가 되다. ©EBS

회나 패럴림픽에 출전했으면 좋겠다는 생각에 그저 열심히 했을 뿐인데 말이죠.

부모님은 제게 세계선수권이나 유러피안 대회, 패럴림픽 영상들을 보여 주곤 하십니다. 아직 멀었다는 것은 저도 느끼는 것이지만 충분히 해 볼 만한 도전이라는 생각을 버리지는 않습니다. 지금처럼 노력하고, 아니 조금 더 많은 노력을 기울이면 분명 꿈꾸던 도전도 해야 할 도전이 되리라 생각합니다.

여러분들도 각자 자신만의 능력이 분명 있다고 생각합니다. 어떤 친구들은 벌써 그것을 찾아 자신만의 꿈을 이루어 내기 위해 노력하고 있지만 어떤 친구들은 나만의 능력이 무엇인지 아직 찾아내지 못해 방황하기도 할 것입니다. 언제 그것들을 찾아내느냐가 중요한 것은 아니라

고 생각합니다.

　전 우리 친구들이 난 그런 능력이 없다고 생각해 포기하는 일은 없기를 바랍니다. 누구에게나 자신만의 능력은 있으니까요. 하루에 두 시간 이상 말을 타면 손아귀의 힘도 빠지고 허리도 아프고, 나중엔 집중력도 떨어져 힘이 듭니다. 재미로 타던 예전에 비하면 분명 재미없는 일이겠죠. 하지만 하나씩 더 알아 가는 것들이 새로운 재미로 다가옵니다.

　예전엔 그냥 이렇게 해야 하는 것이라는 기술적 부분만 알았다면 지금은 이게 왜 이 자리에 배치되어 있는지, 이럴 땐 말의 상태가 어떻고, 나와 말이 하나의 모습으로 주어진 과제를 해내기 위해서는 어떤 것들이 필요한지 등등을 배우다 보면 이것이 내가 조종하는 것이 아니라 말과 함께 풀어 가고 있다는 것을 느끼게 되는데요. 이는 새로운 흥미, 관심, 재미가 되어 가고, 그 다음이 궁금해지게 됩니다.

　슬럼프도 있었지만 이제는 제 왼쪽 가슴에 감히 태극기를 달고 대한민국 장애인승마를 대표하여 퍼포먼스를 보여야 하는 상황이 되니 행동이 더 신중해지고 더 견고해졌습니다. 그래서 저는 이런 것들을 감히 제 능력에 대한 도전이고 노력이라고 생각합니다. 인기종목은 아니지만 패럴림픽 장애인승마에서 언젠간 대한민국 허준호라는 이름이 세계를 향한 도전장을 내미는 모습을 보게 되실 겁니다. 그때는 "아~ 그때 그 준호구나." 하고 많은 응원 바랍니다.

　오늘 저의 이야기가 어느 누군가에게 조금은 희망이 되길 바라는 마음으로 이 자리에 나왔습니다. 여러분 모두 저처럼 운명으로 받아들여야 할 주어진 상황이 있을 겁니다. 힘들어만 하고 부정적으로만 생각했다면 저는 지금 어떤 모습일까요? 물론 힘들고 괴로운 일도 있을 겁니다. 하지만 그런 상황만 있는 건 아니잖아요? 그 속에서 즐거운 일을 찾아보는 건 어떨까요? 내가 뭘 할 때 가장 즐겁지? 그 점을 찾게 된다면 자신만의 즐거운 삶을 살 수 있다고 생각합니다. 자, 그럼 지금부터 생각해 보세요. 여러분의 즐거움은 무엇입니까?

지금까지 장애인승마 국가대표 허준호였습니다. 감사합니다.

내일을 향한 한 걸음

최선을 다해 노력한 끝에 2021년에도 장애인승마 국가대표로 선발되었습니다. 막연한 꿈이었던 태극기를 가슴에 달고 나니 그 막중한 책임이 느껴졌습니다. 장애인승마 분야의 대표자가 된 만큼 더 잘해야겠다는 욕심도 생겼습니다. 앞으로의 제 목표는 패럴림픽에 참석하여 메달을 따는 것입니다. 그리고 언젠가는 저와 같은 상황에 놓여 있는 장애인들에게 장애인승마를 가르치고 싶어요. 선수로서의 경험과 기술을 알려 줄 뿐만 아니라 더 많은 장애인이 승마하면서 스스로 자신의 꿈을 발견하고 이루어 낼 수 있는 환경을 만드는 데 일조하고 싶습니다.

- 대한장애인체육회 koreanpc.kr
- 대한장애인승마협회 kead.kosad.kr

나의 공동창업자는
'사슴벌레'입니다

· 고등학생 CEO 공희준 ·

공희준(19살) | 완주 고등학교
고등학생 CEO

17세, 사슴벌레 사료 사업을 시작했으며,
이 아이디어로 창업경진대회에 최연소로 참가해 입상했다(2018년).

㈜칠명바이오 대표

2018년   곤충 사료 사업 시작

             JTBC 스타트업 서바이벌 프로그램 '스타트업 빅뱅' 최연소 참가 및 입상

             중소기업벤처부 주최 '도전 K-스타트업 2018'에서

             혁신창업리그 중소 벤처기업부 장관상 수상

2019년   교육부 산하 자문기구 미래교육위원회의 위원 위촉

             대한민국 인재상 수상

             전북투자벤처로드쇼 전라북도지사상

2020년   동국대학교 창업교육센터 창업전문컨설턴트

안녕하세요. 저는 한 회사를 운영하는 대표인데요. 현재 완주고등학교 3학년에 재학 중인 학생이기도 합니다.

어린 나이에 창업했다고 하면 어떤 사람들은 저를 '금수저'라고 오해하기도 하는데요. 참고로 저희 집은 아들의 사업 밑천을 대 줄 만큼 넉넉하진 않습니다. 저는 고등학교 1학년인 열일곱 살에 창업했고, 올해로 3년째 회사를 경영하고 있습니다. 현재 월매출 2,000만 원을 달성 중이고 내년에는 연 매출 5억 원을 예상하고 있습니다. 새파랗게 어린 녀석이 대체 무슨 재주로 회사를 창업하고 운영하나 궁금하시죠? 저는 오늘 공부가 전부인 줄 알았던, 평범한 학생을 변화시킨 제 꿈과 도전에 대한 이야기를 하려고 합니다.

왕사슴벌레와 파트너가 되다
_내 특별한 친구이자 공동창업자

이야기를 시작하기에 앞서 여러분께 제 특별한 친구를 소개해 주고 싶은데요. 제가 운영하는 회사 '주식회사 칠명바이오'의 공동창업자이기도 합니다. 바로 왕사슴벌레입니다. 사슴벌레 중 가장 예쁘다는 왕사슴벌레예요. 저의 반려곤충이자 사업가로서의 첫발을 딛게 도와준 가장 든든한 파트너입니다. 제 인생을 달라지게 만든 녀석이기도 합니다.

중학교 1학년 때 같은 반 친구가 "한번 키워 보라"며 왕사슴벌레 두 마리를 줬어요. 보시는 게 제1호 사슴벌렌데요. 큰 녀석이 수컷이고 작은 녀석이 암컷입니다. 진짜 예쁘지 않나요?

사실 전 처음엔 곤충에 전혀 관심 없었습니다. 솔직히 말해서 쉽게 키울 수 있다고 해서 일단 데려왔거든요. 초반에는 어머니가 제가 사슴벌레 키우는 걸 되게 좋아하셨어요. 어머니가 못 하셨던 일을 사슴벌레가 해 줬거든요. 그게 뭐냐고요? 아무리 잔소리해도 컴퓨터 게임을 끊지 않던 아들이 이 친굴 키우면서 한 번에 끝낸 겁니다. 사슴벌레를 알고 진짜 노는 재미가 뭔지 알게 됐다고나 할까요?

전 왕사슴벌레 키우는 재미에 아주 푹~ 빠져 있었습니다. 모든 종류의 사슴벌레를 잡겠다고 아예 산에서 살다시피 했고요. 당시 제 한 달 용돈 5만 원은 모두 곤충 사료를 위혜 쓰였습니다. 그런데 두 마리가

1년 만에 500마리까지 늘어나면서 고민이 시작됐습니다.

그때 제 방 책장엔 책 대신 곤충사육통으로 가득 찰 정도였습니다. 그러다 보니 치명적인 문제가 발생했는데, 바로 곤충 사료 값이었습니다. 한 달에 무려 20만 원이나 드는 거예요. 중학생이 감당하기엔 엄청 큰돈이잖아요. 누군가는 곤충을 좀 줄이면 되지 않느냐 그러는데 저한텐 자식 같은 녀석들이라 그럴 순 없더라고요.

창업을 결심하다
_우연이 아니라 필연

그래서 전 곤충 사료를 직접 만들기로 결심했습니다. 그게 그렇게 쉽냐고요? 아니요. 어렵더라고요. 근데 포기하고 싶진 않았습니다. 앞서 말씀드린 것처럼 전 곤충에 푹 빠져 있었거든요. 결국 제가 어떤 일까지 벌인 줄 아세요? 곤충 사료 만드는 걸 배우겠다고 곤충 사료 선진국인 일본으로 여행을 떠났습니다. 무작정 찾아갔는데, 곤충 업체 사장님은 일본까지 건너온 제가 기특하셨는지 번역기까지 돌려 가며 아낌없이 정보를 주셨고요. 전 그렇게 얻은 정보로 곤충 사료 만들기에 도전했습니다.

처음에는 생각보다 쉽지 않아서 실패를 거듭했습니다. 하지만 실패를 반복하면서 저만의 레시피가 조금씩 개선되었고 그런 데이터가 쌓여 가는 과정이 저에게는 곤충을 키우는 것 이상의 재미가 있었습니다. 그러면서 제가 만든 사료를 인터넷 카페를 통해 곤충 마니아들과 공유했는데, "이거 팔아도 되겠는데?"라고 하시는 거예요. 그때부터 전 창업에 대한 진지한 고민을 시작했습니다. 고민 끝에 부모님께 창업하겠다고 말씀드렸습니다. 그때가 중학교 3학년, 고등학교 진학을 앞둔 시기였거든요.

부모님이 어떠셨을 것 같아요? 네, 맞습니다! 부모님 두 분 모두 결사반대하셨습니다. 학업 때문이기도 했지만 사실 제가 어릴 때 아버지가 사업을 하시다 실패한 적이 있으셨거든요. 아버지가 신용 회복하시고 회생 신청하시면서 어머니가 많이 힘들어하셨습니다. 그 어렵고 힘든 사업을 어린 아들이 한다니, 당연히 반대하실 수밖에 없으셨겠죠.

그리고 전교 5등 안에 들었던 성적이 사슴벌레를 키우면서 뚝 떨어진 것도 반대하시는 이유였습니다. 저에 대한 기대치가 높으셨기 때문에 제가 남들이 인정하는 좋은 대학 가서 안정적인 직장을 얻길 바라셨습니다. 저도 곤충을 키우기 전까진 그 길이 정답인 줄 알았습니다. 하지만 공부 때문에 지금 하고 싶은 그 일을 포기하고 싶진 않았습니다.

몇 날 며칠을 싸운 끝에 부모님은 제가 공부를 열심히 한다는 조건으로 창업을 허락했습니다. 하지만 더 큰 문제는 자본금 마련이었어요. 그 무렵 친척들에게 제 얘기가 소문이 났습니다. 곤충에 빠지더니, 이번엔 곤충 사료 만드느라 여기저기 돌아다니느라 바쁘다고요. 그리고 몇

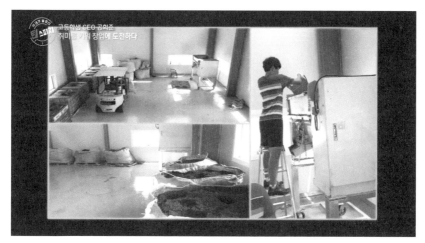

외삼촌 공장에서 처음 창업을 준비하던 모습. ⓒEBS

절에 사업을 하시는 외삼촌을 만났는데 제 취미에 대해 물으시더라고요. 곤충에 대해 얘기하다 제가 고민 끝에 농담처럼 한마딜 건넸어요.

"곤충 사료 만드는 걸로 창업을 할까 고민 중인데요. 투자 좀 해 주실래요?"

진심으로 원하는 제 눈빛을 읽으셨는지 외삼촌은 거금 500만 원을 투자해 주셨어요. 아마 제 열정과 꿈을 보고 투자해 주신 것이 아닌가 싶습니다.

창업경진대회 수상
_드디어 꿈을 향해 한 발 내딛다

그리고 외삼촌이 운영하시는 공장 한편을 빌려서 곤충 사료를 조금씩 만들기 시작했습니다. 전 집이 전북 완주고 외삼촌 공장은 경기도 오산이었거든요. 세 시간 반 정도 되는 거리였는데 이곳을 주말마다 대중교통으로 왔다 갔다 했습니다. 몸은 힘들었지만 하고 싶은 일을 할 수 있어서 마음만은 늘 행복했어요. 그러던 중 국내 창업경진대회가 열렸습니다. 유망한 창업회사를 발굴하는 대회인데 총상금 18억 5,000만 원, 무려 108개국에서 5,770개 팀이 참기히는 엄청난 규모였습니다.

저도 이 대회에 뛰어들었습니다. 급하게 결정된 거라 탄탄하게 준비하진 못했어요. 발표는 자신 있었지만 창업 대회에는 처음 참여하는 거라, 내가 맞게 하고 있는 건가 하는 의구심도 들었습니다. 처음엔 가벼운 마음으로 나갔는데 예선을 통과하고 본선, 결선까지 통과하더라고요. 점점 욕심이 났습니다. 그리고 왕중왕전이었어요. 더 잘하고 싶은 욕심에 하루 전날, 기존 기획안을 완전 뒤집었더니 발표 과정에서 실수를 많이 했습니다.

한 심사위원이 저에게 이런 말씀을 하셨습니다. "고등학교 1학년치고는 뛰어나지만 거꾸로 뒤집어서 보면 30세 이상의 발표자가 현재 같은 사업 아이템과 피칭을 했다면 회의적이다."라고요. 열신히 해서 여

기까지 올라왔는데 '아~ 난 그냥 여기가 끝인가 보다' 생각했죠. 결과는 어떻게 됐을까요?

저는 최종 10위 안에 들었고 현금으로 1억 원의 상금을 받게 됐습니다. 미래식량자원으로 곤충의 이용가치가 세계적으로 높아지는 상황이고, 국내에서도 식용곤충을 사육하는 농가나 업체가 증가하고 있어서 제가 개발하는 곤충 사료의 사업성도 인정받을 수 있었습니다.

대회에서 받은 1억 원의 상금으로 생산 공장과 장비들을 마련할 수 있었습니다. 그때가 고등학교 1학년, 열일곱 살 때였어요. 사슴벌레를 만나고 4년 만에 일어난 일이었죠. 이후로 어머닌 저에게 완전히 백기를 드셨고, 아버진 직장을 그만두시고 지희 회사 직원으로 들어와 저의 든든한 지원군이 돼 주시고 계십니다.

덕업일치의 최고봉
_'좋아함'은 내 진정한 원동력

그렇게 취미가 꿈이 되고, 그 꿈이 직업이 돼 열심히 도전하고 부딪히면서 성장하고 있는데요. 매일매일이 긴장의 연속입니다. 이제 막 걸음마를 뗀 정도니까요.

좋아하는 일이 직업이 됐지만 스트레스도 엄청납니다. 공부와 일을 병행해야 하니, 하루 많이 자면 4시간이고, 잠을 거의 못 잘 때도 많습니다. 사회 경험이 전혀 없이 시작한 창업이기 때문에 캄캄한 어둠 속으로 달려가는 것 같은 심리적 불안감도 말로 표현할 수가 없습니다. 피해의식도 생겼어요. 거래처 상대가 조금만 표정이 달라져도 저 사람이 내가 나이가 어려서 그러나, 이런 생각이 들기도 합니다.

하지만 그 과정에서 배운 것도 많습니다. 사업을 하면서 가져야 하는 인내, 희생정신, 돈의 가치…… 학교에서 공부만 해선 절대 얻을 수 없는, 살면서 반드시 필요한 배움이었죠. 그리고 앞으로 힘든 일이 생겨도 전 어떻게든 버텨 나갈 겁니다. 그 원동력 또한 제가 너무 좋아하는 일이었으니까요.

제가 겪은 이런 경험을 통해서 여러분께 말씀드리고 싶은 게 있어요. 혹시 여러분은 중·고등학생 시절 무엇을 하고 어떤 생각을 하며 보냈나요? 저처럼 좋아하는 일을 찾으셨나요?

이런 질문을 드리는 이유가 있습니다. 제가 2019년부터 교육부장관의 자문기구인 미래교육위원회에서 현장 전문가로 활동하면서 청소년의 진로와 창업에 대해 함께 고민하고 있는데요. 그 과정에서 많은 청소년의 고민을 들었습니다. 제가 안타까운 건 많은 청소년이 꿈조차 꾸지 못하는 것이 현실이라는 겁니다. 심지어 자신의 진로를 결정 못해 부모님에게 "나 뭐 하고 살지?"라고 물어보는 경우도 많고요.

좋아하는 일을 찾는 게 최우선!
_취미에서 직업으로

물론 좋아하는 꿈을 무조건 찾아야 한다고는 생각하지 않습니다. 하지만 적어도 청소년 시절, 공부 이외의 경험도 겪어 볼 만한 충분한 가치가 있다는 겁니다. 아무리 좋아하는 일이어도 내 직업이 된다면 싫어질 수 있거든요.

그래서 가장 최고는 직접 해 보는 거라고 생각합니다. 저는 사슴벌레를 너무 좋아해서 이걸 직업으로 삼을 수 있을지 알아보고 싶어서 곤충 농장에 가서 일을 해 봤어요. 그 일이 계기가 되어 곤충 사료까지 만들게 됐고, 전 지금 한 회사의 대표가 되어 있습니다.

무엇을 해야 할지 모르겠고, 미래가 불안하시다면 고민할 시간에 지금 당장 어디든 가서 경험치를 쌓는 것도 방법이라고 생각합니다. 다양한 일을 경험하는 건 그렇게 어렵지 않으니까요. 힘든 일일 뿐이죠.

전 지금 사업을 하고 있지만 다양한 분야에서 경험치를 쌓고 싶더라고요. 커피숍부터 편의점, 상하차 등 다양한 아르바이트에 도전하고 있고 한식 조리사부터 양식, 일식, 중식 자격증도 딸 생각입니다. 제가 앞으로 또 뭘 할지는 모르는 거잖아요. 이런 경험들이 공부 이상의 경쟁력과 부가가치를 갖는다면 그건 충분히 도전해 볼 만한 일이 아닐까요?

저는 요즘 곤충 사료를 개발한 데서 그치지 않고, 제가 개발한 사료로 키운 곤충을 어떻게 활용할까를 연구 중입니다. 그 연구의 일환으로 올해 초 농촌진흥청으로부터 기술 이전을 받았는데요. 굼벵이와 장수풍뎅이에게서 류머티즘과 염증성 질환에 효능이 있는 추출물을 생산하는 기술이었습니다. 그 기술을 활용해서 애완동물을 위한 관절영양제를 출시했고, 현재는 사람이 먹을 수 있는 관절기능식품도 개발하고 있습니다. 앞으로는 곤충을 활용한 미래 식량 자원을 연구하는 게 저의 꿈이기도 합니다.

대학도 제 꿈을 더 키울 수 있는 생명공학이나 식품영양, 식품유통학과로 갈 예정입니다. 회사가 조금씩 성장해 가고 있지만 그럼에도 저는 고민이 많습니다. 패기로 시작해 열정으로 버티고 있지만 앞으로 회사가 어떻게 될지 몰라 불안하기도 하거든요.

그런 면에서 제 인생은 앞으로도 물음표라고 말씀드릴 수 있습니다. 하지만 전 현재가 행복해야 미래도 행복할 수 있다고 믿습니다. 그래서 제가 여러분에게 전하고 싶은 제 이야기의 결론은 이겁니다.

어느 날 갑자기 사슴벌레를 만나 취미가 생기고 그게 꿈으로 연결되고 사업가가 된 저의 경우처럼, 진로엔 정해진 길은 없다고 생각합니다. 정해진 길을 따라가는 것이 아니라, 주체적으로 자신만의 가치와 경험치를 만들면 어떨까요? 그게 어떤 일이든 자산이 되어 여러분의 현재와 미래를 만들어 줄 겁니다.

지금까지 사슴벌레와 함께 회사를 일군 CEO 공희준이었습니다.

참고하면 좋을 사이트

· K-Startup 창업지원포털 k-startup.go.kr

10대가 말하다 틴스피치

ⓒ EBS 〈10대가 말하다 틴스피치〉 제작진, 2021

초판 1쇄 인쇄일 2021년 10월 20일
초판 1쇄 발행일 2021년 10월 30일

지은이　　EBS 〈10대가 말하다 틴스피치〉 제작진
펴낸이　　강병철
책임편집　박진희
디자인　　서은영
제작　　　홍동근

펴낸곳　　이지북
출판등록　1997년 11월 15일 제105-09-06199호
주소　　　(10881) 경기도 파주시 회동길 325-20
전화　　　편집부 (02)324-2347, 경영지원부 (02)325-6047
팩스　　　편집부 (02)324-2348, 경영지원부 (02)2648-1311
이메일　　ezbook@jamobook.com

ISBN 978-89-5707-110-6 (43190)